研课磨课
与教师专业成长

主　编◎郝晓鹏

天津出版传媒集团

天津教育出版社
TIANJIN EDUCATION PRESS

图书在版编目（CIP）数据

　　研课磨课与教师专业成长／郝晓鹏主编. -- 天津：
天津教育出版社,2024.1
　　ISBN 978-7-5309-9055-1

　　Ⅰ.①研… Ⅱ.①郝… Ⅲ.①师资培养—研究 Ⅳ.
①G451.2

　　中国国家版本馆 CIP 数据核字（2023）第 255076 号

研课磨课与教师专业成长

YANKEMOKE YU JIAOSHI ZHUANYECHENGZHANG

出 版 人	黄　沛
主　　编	郝晓鹏
选题策划	吕　燚
责任编辑	靳潇林
装帧设计	郝亚娟
出版发行	天津出版传媒集团 天津教育出版社 天津市和平区西康路 35 号　邮政编码　300051 http://www.tjeph.com.cn
经　　销	新华书店
印　　刷	天津融正印刷有限公司
版　　次	2024 年 1 月第 1 版
印　　次	2024 年 1 月第 1 次印刷
规　　格	16 开（710 毫米×960 毫米）
字　　数	200 千字
印　　张	12
定　　价	46.00 元

前　言

教育是点亮未来的火炬，而教师则是引领学子走向光明的指路人。作为教育事业的中坚力量，教师的角色举足轻重，其专业成长对于学生的发展至关重要。如今，教育的发展日新月异，传统的教学方法和理念已经无法满足当今复杂多变的教育需求。

当今社会是一个充满机遇和挑战的时代，教师必须与时俱进，不断研究和磨砺自己的专业素养，提升自己的教学能力，以便更好地担起引领学生探索知识海洋的责任，培养其核心素养、创造力、思维能力和终身学习的意识。

基于对教师专业发展需求的深入思考，我们组织专家和资深教师编写了本书，旨在为走向专业成长之路的广大教师提供全面且系统的指导，以期在他们研究与学习之路上提供些微助力，使之在实践中不断发展、成长和创新。

本书共包含七个专题，每个专题下设 3~4 个主题，从不同的角度探讨了教师如何借助于研课磨课走向专业成长：

专题一：研课磨课，助力教师专业成长。本专题深刻阐述了研课磨课的内涵、意义及基本类型和流程，帮助教师形成对研课磨课的初步认识。

专题二：研磨学情，找准角色定位。本专题从学情的研磨入手，讲述了如何研磨学生的"最近发展区"、思维模式和学生的差异，深入了解学生的需求和特点，实现优质教育和个人成长的最佳匹配，让教师在实践中找准自己的角色定位。

专题三：研磨教材，树立素养培养意识。本专题从教材的研磨入手，从如何紧扣素养解读教材、依据主题整合教材、紧扣素养设定目标三个方面讲述研讨教材的方法，强调只有通过对教材进行深入研究，才能不断提升对教材的理解和运用能力，才能获得专业成长。

专题四：研磨教学设计，建立宏观概念。本专题从教学设计的研磨入手，介绍了根据教学目标确定教材策略后，设计教学方案并通过同题同构及同题异构研磨最佳设计的方法，既是更好地把握教学的整体框架、确保教学有效性和教学质量的重要前提，也是教师专业成长的重要方式之一。

专题五：研磨教学模式，提升理论高度。本专题从教学模式的研磨入手，指出如何借助于研课磨课，根据学科及学生的特点选择合适的教学方法，进行学习方法的引导，并通过有效组织与实施教学活动，激发学生的潜能和主动性。

专题六：研磨教学细节，更新教学思维。本专题从教学细节和技巧的研磨入手，指出如何通过有效的提问、点拨，充分利用教学资源，不断更新教学思维和方法，提高教学效果，激发学生的兴趣和参与度。这也是教师专业成长的重要内容之一。

专题七：研磨评价方法，促进个人反思。本专题围绕评价方法进行研磨，指出如何实现教学评一体化及评价效果的最大化，掌握科学有效的评价方法，更好地评估学生的学习成果。

总之，无论是研磨学情还是教材，是研磨教学设计还是教学模式，是研磨教学细节还是评价方法，都是在帮助教师更好地研究和准备课程，以及应对教学中的各种挑战，并立足于当下不断提升自己的教学水平，促进个人的专业成长。从这一角度来说，无论是初入教师行业的青年教师还是资深的教育工作者，都可以从本书获得成长的营养，找到弥补短板和不足的方法和途径，进而获得有益的指导和启发，走向更加成功的教学之路，在不断进步的同时，为学生的成长和发展做出更大的贡献。

本书在编写过程中参考了众多教育界专家学者的智慧和经验，他们对研课磨课和教师成长的深刻理解和独到见解，是本书能够为每个教师的成长助力的重要前提。正因如此，我们坚信，通过本书的阅读和实践，教师能够更好地应对教育变革的挑战，实现和学生的共同发展。

教育的未来是光明而美好的，教育者的责任就是为这美好的未来奉献一份力量。本书将成为您踏上这个旅程的有力向导和伴侣。让我们携手努力，开创教育的新时代！

目 录

专题一 研课磨课，助力教师专业成长

在快速变化的教育环境中，教师的专业成长成为不可或缺的关键要素。教育者时刻都在面对学科知识、教育理论和学生需求的不断演进，仅仅依靠传统的教学方法和经验已不足以满足日益多样化和复杂化的教学挑战。因此，研课磨课成为促使教师专业成长的关键支持系统。

专题二　研磨学情，找准角色定位

研磨学情，对学生进行学情分析是核心素养下课堂教学的基石，因为只有了解学生的学习现状、学习需求和学习兴趣，才能为他们提供最佳的教学经验。没有科学的学情分析，教师的教学将无法达到让人满意的效果。因此，要实现从"为学习者"的教学向"为学习"的课堂转变，达到培养学生核心素养的目的，就要将学习和学生二者的结合作为焦点。

专题三　研磨教材，树立素养培养意识

研磨教材是指教师对教材进行深入研究和分析，全面把握教材的结构、内容和目标；树立核心素养培养意识是指教师在研磨教材的过程中，注重培养学生的综合素养和创新思维能力。教师要通过深入研究教材背景与目标，把握教材结构与内容，多角度解读教材的内容，从而更好地理解和运用教材，提高教学质量，方能达到在学科教学中培养和提升学生的核心素养的目的。

专题四　研磨教学设计，建立宏观概念

在教师专业成长的道路上，研磨教学设计并建立宏观概念无疑是一项重要的任务。研磨教学设计是一个精细的过程，它需要我们对教育内容的彻底理解和掌握，并能够将其转化为有效的教学策略和方法。宏观概念则是我们结合教育目标和学科知识体系形成的抽象思维框架，它能够帮助我们更好地组织和呈现知识，使学生能够更好地理解和应用所学内容。

专题五　研磨教学模式，提升理论高度

在日益发展的教育领域中，教学模式的不断研磨和改善对于提高教学效果和学生的学习成效至关重要。研磨教学模式，意味着我们需要仔细审视和调整教学方法，引导学生运用正确的学习方法，并有效组织与实施教学活动，激发教师的创新能力，拓宽教学思路，为学生提供更具启发性和创造性的教育体验，进一步提升学生的学习效果和核心素养。

专题六　研磨教学细节，更新教学思维

研磨教学细节能使教师更好地把握教学的关键环节，实现更高效、更有深度的教学效果。同时，教师需要打开思维的窗口，不断学习和吸收新的教学观念和方法，从而能够更好地与学生进行互动和交流。通过研磨教学细节和更新教学思维，教师能够提高自己的专业素养，提升学生的学习效果，为学生的成长和核心素养的培养提供更好的支持。

专题七　研磨评价方法，促进个人反思

"教学的艺术不在于传授本领，而在于激励、唤醒和鼓舞"，其重要的手段之一就在于教师给予的评价。教师通过研磨评价方法，设计出激发学生思考、有利于引导学生发挥创造力、提高解决问题能力的评价内容和方式，才能真正促进学生的发展，提供更加有益的教育体验，培养出更具综合素养和能力的学生。

专题一
研课磨课，助力教师专业成长

在快速变化的教育环境中，教师的专业成长成为不可或缺的关键要素。教育者时刻都在面对学科知识、教育理论和学生需求的不断演进，仅仅依靠传统的教学方法和经验已不足以满足日益多样化和复杂化的教学挑战。因此，研课磨课成为促使教师专业成长的关键支持系统。

主题 1

什么是研课磨课

所谓研课磨课，是指教师在备课时，不断进行自主研究和深入思考，从而提升教学质量、教学效果及学生核心素养的过程。具体来讲，研课是指教师针对教材内容和教学目标进行深入研究，明确教学目标和要求，深刻理解教学内容的本质和规律，并对教学过程进行周密设计；磨课是指教师对备课教案、教学设计进行反复修改和完善，准备充分，确保教学环节的合理性和有效性。

一、研课磨课的内涵

研课磨课作为教师备课过程中的关键环节，其内涵极其丰富。具体来说，包含以下五个层次。

1. 深入研究课程内容

研课磨课是教师对所教授的课程内容进行深入的研究。在这一过程中，教师需要仔细分析课程标准、学科知识和教材，理解其核心概念、关键点和难点，通过充分了解课程内容，建立起扎实的教学基础。

2. 设计有效的教学策略

研课磨课是教师根据教学目标和学生的特点，设计出适合的教学策略。教师要考虑学生的学习兴趣、学习风格和能力水平，选择合适的教学方法和教学资源，确定合理的教学策略，以提高学生的学习效果和参与度。

3. 分析学生的需求和困难

研课磨课是教师深入了解学生的需求和困难，并提供相应的解决方案。教师可以通过调查问卷、观察和讨论等方式，了解学生在学习中可能遇到的困难和挑战，为学生提供个性化的支持和指导。

4. 探索创新教学方式

研课磨课是教师尝试创新教学方式和工具，以期助力教学。教师可以运用技术手段，设计互动性强、参与度高的教学活动。同时，教师也可以结合学生的生活和社会环境，设计具备情景化和实践性的教学内容，激发学生的学习兴趣。

5. 反思和评估教学效果

研课磨课是教师对自己的教学工作进行反思和评估。教师可以通过观察课堂反应、听取学生反馈、分析学生作品等方式评估自己的教学效果，并在评估的基础上进行反思，总结经验教训，为今后的教学提出改进措施。

总的来说，研课磨课涵盖了教师对课程内容的深入研究和教学策略的设计，注重教师对学生需求和困难的分析，鼓励教师探索创新教学方式，以及对教学效果进行反思和评估。

二、研课磨课的意义

通过研课磨课，教师可以提高自己的教学水平和专业素养，提供更有效、有针对性的教学，实现教学目标和促进学生发展。因此，研课磨课无论是对教师个人，还是学校的教育教学均有着重要的意义。

1. 有利于提升教师的专业素养

在研课磨课过程中，通过研究和准备课堂内容，教师能够更深入地理解教学内容和教学目标，并掌握相关的知识和技能；能够对自己所教授的学科领域有更全面和深入的了解。既端正了教学态度，又提升了专业能力，还培养了专业精神。

2. 有利于设计优质教学

研课磨课可以帮助教师设计出更具针对性和高质量的教学方案。通过研究学生的学习特点和需求，教师可以选择更合适的教学策略和教学资源，让学生获得更有价值和有效的学习体验。

3. 有利于提升教学效果、培养学生的核心素养

教师在研课磨课过程中，需要深入分析教材，发现和解决教学中的问题和难点，确定教学目标，选择合适的教学策略，分析学生的实际情况，预测出现的问题并提供解决方案。在这样的深入研究和准备过程中，教师可以更好地调整教学内容和方式，使之有助于提高学生的学习效果和核心素养。

4. 有利于促进学校的教研改革和发展

研课磨课实际上是一种"集体备课"和"集体教研"的形式，教师在研磨课程过程中和同伴深入交流和研讨，互相切磋，在这种浓厚的教学氛围中获得专业成长，长此以往，学校教学的改革和发展将因此获得更大的提升。

某课通过"谁来养活中国人"的设问以及当前我国耕地资源在数量、质量、分布及自然灾害等方面的相关数据，引导学生通过读图分析法和小组合作探究法总结我国粮食生产安全的资源基础——耕地资源的特点。学生通过小组合作探究和同桌相互讨论，得出当前我国耕地资源总体呈现以下4个特点：（1）人均耕地少，后备耕地资源有限；（2）耕地质量总体欠佳，退化和污染问题严重；（3）耕地空间分布不均，水土资源配置不佳；（4）农业气象灾害频发，粮食产量年际波动大。通过总结以上特点，学生对我国当前粮食安全产生忧患意识。

接着，学生以我国长期进口大豆案例为依据，通过小组讨论的方式分别提出了从生产、进口、储备和调配等4个环节实现粮食安全的途径。其间，学生积极参与讨论，充分体现了学习的自主性和积极性。随后，教师对本课内容进行点拨。为检验学生掌握知识的情况，教师设计了与本教学内容相关的习题，要求学生在规定时间内完成，并积极向大家展示解题思路。整堂课始终贯彻"学生主体，教师主导"的教学理念，最大限度地将课堂还给学生，是课堂转型的一次积极尝试。

课后，教研组的其他教师对本次授课进行点评，大家一致认为本节课教学思路清晰，符合新课标核心素养的要求，对学生形成保护我国粮食安全的意识具有良好的教育意义。与此同时，教师需要深入思考课堂内出现的问题，这样才能进一步在实践中提高专业能力。①

上述案例是某中学地理课"中国的耕地资源与粮食安全"研课磨课的记录，在案例中，教师转变教学思路，设计引导法让学生发挥主动性，通过小组合作的方式积极参与课堂讨论，激发了学生的思考能力、思维能力和分析能力，提升了教学效果，培养了学生的核心素养。通过尝试课堂转型及对课堂进行点评反思，进一步提升了教师的专业素养。坚持这种研课磨课方式，不仅能促进教师的专业成长，还有利于教研的改革发展。

三、研课磨课的常见误区

在进行研课磨课时，教师可能会陷入常见的误区。具体归纳起来，这些常见的误区包括以下三个方面。

1. 只关注教学资源和活动，忽视学生的反馈和需求

有时候，一些教师过于关注教学资源和活动，忽视了对课程内容的深入研究和理解，研课磨课时将教学资源和活动当作教学的主要方式和手段，没有在优先考虑教学目标和学生需求的前提下选择合适的资源和活动。

在研课磨课的过程中，有些教师可能忽视了学生的反馈和需求，不能通过观察学生参与情况、听取学生的意见等方式了解学生的差异性，也没能根据学生的实际情况进行个性化的研课和磨课。

2. 过分追求新颖和复杂，忽视跨学科整合

有些教师为了让课堂更具吸引力和创新性，过分追求新颖和复杂的内容和教学方法，可能因此给学生带来困惑和压力，影响他们的学习和理解。

研课磨课应该鼓励教师进行跨学科的探索和整合，促进不同学科之间的联系和互动，提供更全面和综合的学习体验，但有时候部分教师可能因为过分专注于自己所教学科的知识，而忽视了与其他学科的整合。

---

① 白如芳. 研课磨课促成长，课堂教学展风采——开封市第五中学研磨课优秀课例展示. 微信公众号：开封市第五中学.

3. 不注重反思和改进，陷入固化的教学和思维模式

研课和磨课是一个不断反思和改进的过程，只有在研课和磨课中不断反思和改进，教师才能提高自己的教学水平。但是有些教师一味地关注课堂的教学效果，忽视了对自己的教学过程进行反思和改进。

研课磨课并非一次性的任务，而是一个持续学习和发展的过程，需要教师保持学习的心态，不断打破固有的教学和思维模式，不断探索和尝试新的教学方法和理念，提高自己的教学能力。但有些教师却长时间停留在自己固定的教学方式和思维模式中，没有进行持续学习，因此不能及时更新教学知识和提升技能意识。

总之，意识到研课磨课中的误区并加以避免，教师就可以更加有效地进行研课磨课，并在此过程中提升自己的教学水平和专业素养。

四、研课磨课中存在的问题

作为一种教研活动，教师在研课磨课时一方面要注意避免过于注重教学资源和活动，忽视学生的反馈和需求，缺乏实践和反思，忽视跨学科整合，以及缺乏持续学习的意识；另一方面还要注意在整个研课磨课过程中避免出现以下问题。

1. 研课磨课的组织度不够

就教师而言，研课磨课的过程的确相当复杂，一方面要进行课程分析、教学方案设计，另一方面要执行教学活动、观摩并评价、反思及改进，最后还要设计出一套优秀的课程方案。这一系列的活动，要耗费大量的时间和精力，教师因此倍感压力，无法充分完成研课磨课的过程。于学校而言，因为研课磨课是教师组共同合作、交流的过程，所以要在确保正常教学进度的情况下统筹教师的时间，也的确存在一定的困难。

2. 对研课磨课的认可度不够

有些教师习惯了传统的备课方式，认为只要一味地照搬教材和教学大纲即可，因此对研课磨课的意义和重要性认识不够。而研课磨课需要教师开展创新性、个性化的教学，需要教师思考、规划，会被误认为增加了教学负担。

3. 教研水平支持度不够

因为一些学校师资力量和教育资金投入的不足，教研实力有待提升，教师面临缺乏教学资源和支持的问题，他们无法获取合适的教材、教学素材和活动资源，也没有得到充足的培训和指导，必然会直接影响研课磨课的效果。

4. 研课磨课重"结果"轻"效果"

目前一些学校只在公开课和参加赛课时组织教师进行研课磨课，为了赢得荣誉或名次，会集中时间进行反复的研究实践，待公开课和赛课结束，教师依旧按照原有的教学策略、教学方案进行授课。

针对以上可能存在的问题，一方面，教师个人要注意寻求支持和资源，比如与同事交流、参加教育研讨会、提升自己的专业知识与技能等；另一方面，教育体制和政策也应该关注研课磨课的重要性，为研课磨课活动提供相应的支持和鼓励，使教师能够更好地开展活动。

主题 2

研课磨课的基本类型与流程

在研课磨课活动中，"研"是教师对教学进行深入研究和反思，通过研究教育理论、学科知识和教学方法，探索和拓展教学理论和实践的过程；"磨"是教师间的合作观摩和经验分享，共同提升教学水平的过程。因此，立足于提升学生核心素养的研课磨课，需要以一定的形式和流程，确保活动处于一个动态发展的过程。

一、研课磨课的基本类型

研课磨课作为教师重要的专业发展活动之一，可以分为同学科、同年级组以及校际的研课磨课。

1. 同学科之间的研课磨课

同学科之间的研课磨课是指教师在教育教学研究过程中，相互学习、相互研究。通过集体备课、听课、评课、研讨、总结等方式，共同探讨和解决教育教学过程中存在的问题，从而提高教学水平和教学效果。

同学科之间研课磨课的形式多种多样，可以在学校内、年级内、学科组内进行，也可以通过网络平台进行在线交流、讨论和分享经验等。

同学科之间研课磨课的方式有多种，包括集体备课、主题研究、项目合作、相互听课和共同解决教学难题等。

①集体备课：同学科教师可以共同探讨教材内容、教学方法和教学策略等，以此来提高教学效果。

②主题研究：同学科教师可以围绕某个具体问题进行深入研究，达成共识，促进学科间的相互理解和合作。

③项目合作：同学科教师可以共同参与某个项目的研究，分工合作，相互帮助，提高研究效率。

④相互听课：同学科教师可以相互听课，了解彼此的教学情况，取长补短，共同提高。

⑤共同解决教学难题：同学科教师可以共同探讨如何解决教学中遇到的难题，集思广益，共同寻求解决方案。

学校学科组"磨课"活动纪实

这次教研活动是一年级上册"观察物体"研究的继续，进行的是一年级下册"认识图形"的教学研究。

数学课程标准实验教材把传统的"几何初步知识"拓展为"空间与图形"，改变了过去多"图形"、少"空间"的状态。面对这一教学内容的重大改动，走进课堂不久的新教师需要专业上的点拨和指导，有多年教学经验的教师也需要认真学习、深入研究。"认识图形"是在学生认识了长方体、正方体、圆柱等立体图形的基础上进行教学的，为以后学习更深层次的几何知识打下基础。

"认识图形"是本册教材"有趣的图形"这一单元的起始课。教材体现了从立体到平面的设计思路，注重让学生通过操作活动体会面与体之间的关系和认识平面图形。

在大家认真分析教材的基础上，先让5位青年教师独立备课，然后通过会课进行交流。目的是让参与活动的全体教师看到不同的教学设计和不同教学策略的应用，尽可能多地获得教学信息。这个过程十分精彩，5位教师呈现出5种教学设计、5种教学风格。例如，有的教师引入立体的积木到海滩游玩留下脚印的情景，有的教师从生活中的交通标志牌引入，有的教师设计的是从袋中摸"宝物"（立体模型）并说出它们的名称的游戏，有的教师直接拿出各种立体模型，请学生与"老朋友"见面，叫它们的名字与它们打招呼。又如，在教学"认识面"时，把长方形、正方形等纸片贴在黑板上，真实暴露了对"面"认识上的错误。"面"是没有厚度的。"面从体上来"中的"面"是指长方体上某一面的形状是长方形的。

通过对教学行为暴露的知识盲点的研究，教师提高了专业知识水平和教研品味。学科教师的认识得到了提升，他们在吸收较为理想的设计理念和实施策略的基础上，用集体的智慧重新设计了本课的教学预案，确定张芳老师把这一内容再上一次研究课，其他教师再次听课、评课。通过这样的打磨，教案设计得越来越科学合理，越贴近学生的学习认识水平及认知心理需求。①

案例中，同学科教师围绕"认识图形"这一主题进行备课，在其他教师听课及评课后，调整教学方案和教学设计，通过这样的打磨，教学方案设计得越来越科学合理。同学科之间的研课需要建立在相互信任、尊重和合作的基础上，通过相互交流、沟通和协商，提升教师的专业化水平，促进学科的发展和进步。

2. 同年级组之间的研课磨课

同年级组之间的研课磨课是指不同学科的教师之间相互研究学习和探讨，以提高各自的教学水平。这种研课类型通常需要组织相应的活动，例如学科研讨会、教学观摩等，让教师能够互相交流和分享经验，学习其他学科的教学方法和

---

① 段玉江. 搭建对话交流平台 提高教师整体素质 ——春城小学数学学科组"磨课"纪实. 云南教育 ［J］. 2007（IS）.

技巧。

①学科研讨会：不同学科的教师聚在一起，分享教学经验和教学方法，探讨学科交叉点，促进跨学科的教学合作。

②教学观摩：不同学科的教师相互观摩教学，互相学习和交流。

③课题研究：针对某一具体问题进行深入的研究和探索，提出新的教学理念和方法。

④互动研讨：不同学科的教师之间相互交流和讨论，分享教学经验和资源，提高教学水平。

⑤反思教学：不同学科的教师对自己的教学进行反思和总结，发现不足之处，改进和提高。

2023年4月4日下午，闵行区实验小学信息科技教师相聚春城校区，开展了第二次基于"新课标"跨学科融合的信息科技学科区级公开课磨课研修活动。

活动伊始，闵行区实验小学（景城校区）童霞老师执教"智慧厨房"单元项目主题第三课时"算法的双分支控制结构"一课。

本课从新课标中第三学段"身边的算法"模块出发，结合生活中的厨房烹饪效率问题，融合劳动教育课程，让学生在活动中感知正确的劳动价值观和良好的劳动品质，同时培养学生双分支结构的信息意识。通过小组探究，融合数学学科知识，计算并制订最短时间内完成晚餐的方案，同时培养学生数学思维应用意识、信息社会责任。最后借助图形化编程软件Mind+中的相关指令，完善程序的设计。在构建程序过程中，培养学生计算思维以及数字化学习与创新能力。

课后，老师们对该课重新进行构建和设计，在本课中要让学生对"自然语言""流程图""程序语言"进行相互转换。毛爱文副校长指出，本节信息科技课程融合劳动教育、数学学科，基于"新课标"进行跨学科融合，打破了传统的教学方式，学生在多元文化中进行思维的碰撞，收获了学科素养成长的喜悦。同时对教师来说极具挑战性。①

---

① 吴昊. 基于"新课标"，跨学科巧融合——实验小学信息科技学科区级公开课磨课研修活动（二）. 闵行区实验小学新闻中心.

案例中，学校组织跨学科研课磨课活动，将数学、劳动教育、信息科技相融合，让学生能够从不同学科的角度去理解和探索知识，培养更全面的能力和素养。在这一过程中，通过研究不同学科的教学内容和教学方法，教师能够共同探讨跨学科教学的可能性，打破学科之间的壁垒。这样的合作有助于提高教师的专业发展水平，拓宽他们的教学视野，并激发出新的教学思路。

3. 校际的研课磨课

校际的研课是指不同学校之间开展的教学教研活动，通过学校间的合作与交流，共同探索和研究教育教学的最佳实践。

①教学观摩：学校之间可以组织教师观摩对方的优秀课堂，借鉴和学习其他学校的教学经验和教育方法。教师可以通过观摩、互动交流、分享经验和教学技巧，从而提高自己的教学水平。

②教研活动：学校之间可以进行教研合作，共同研究和探索特定学科或教育问题。教师可以组织教研小组开展课题研究，分享研究成果和教学资源，互相学习和促进教学改进。

③专题座谈和讲座：学校可以邀请教育专家、学科专家或其他学校的代表来本校举办专题座谈和讲座，介绍和分享最新的教学理念、方法和实践经验。教师可以通过参与讲座，了解教育前沿动态，拓宽自己的教育视野。

④教育资源共享：学校之间可以共享和交流教育资源，如教学课件、教学方案、教材等。通过资源共享，学校可以互相借鉴优秀的教学资源，提高教学质量。

滨海小学携跨校带培小组成员于我校科学室开展以"基于大概念的小学科学单元整体教学策略研究"为主题的跨校协作教研活动。

第一节是滨海小学的孙娜老师执教"研究鸟喙"。孙老师这堂课通过联系生活经验询问同学们"喜欢鸟吗、见过哪些鸟、在哪里见的、它吃什么"等一系列抛砖引玉、环环相扣的问题，引发学生回顾生活经验并进入本课主题。紧接着通过模拟实验，突破本课重点和难点，帮助学生建立鸟喙与取食的关系。

第二节是滨北小学陈心琴老师执教的"给鸟儿造个窝"。陈老师这堂课是基于上一节课"研究鸟喙"中拓展部分生物与环境相适应的大概念下的进一步解析。陈心琴老师以一则红嘴蓝鹊的鸟窝在风雨中被摧毁的视频创设情境开启本次项目式学习，让学生承担为鸟儿造个窝的任务。动手实践前夕，陈心琴老师通过播放视频让学生了解不同的鸟类对鸟窝的要求是不一样的，强调红嘴蓝鹊的鸟窝的大小、承重等要求，进一步引导学生从工程师的角度先构思设计图，填写材料清单后辅以常见的几种搭建鸟窝的方法展示，最后学生进入搭鸟窝的实践探究活动。

第三节是我校黄晓燕老师执教的"给鸟儿安个家"。黄老师这堂课是"给鸟儿造个窝"的第二课时，在同学们为鸟儿造好鸟窝之后引导学生进行展示评价交流，分析自己的鸟窝有哪些优点，存在哪些不足。最后由学生思考描述鸟窝的安放位置，引导学生理解给鸟儿安个家需要思考的要点是了解鸟儿的生活习性和周围的环境，并可以拓展到其他动物的安家思路。黄老师与上一课时相结合共同完成本次项目的教学，同时呼应建构生物与环境相适应的大概念。

研讨时，3位执教教师先对这次跨学科教学的教学设计进行简要阐述，其后针对本次主题进行了研讨。仙岳小学陈华老师谈及孙娜老师的这节课，指出其在实验探究这一环节的设计上非常细致，过程非常顺畅，在各部分细节的设计上都考虑到了极致，有诸多值得借鉴学习的地方，比如模拟实验的细节处理到位，学生在实验过程中更加容易得到预期的结果。思明小学聂敏老师提到陈心琴老师和黄晓燕老师的这两堂课契合2022版科学新课标的内容，这次课程结合了STEAM项目式学习，同时融入劳动课程，形成问题解决—头脑风暴—设计方案—小组制作—交流评价—迭代设计这样一个完整的探究过程，从中也看到了康桥外国语小学的学生在小组实验中的合作精神。①

上述的跨校研课磨课活动，搭建了一个自我锻炼和相互沟通的平台，不仅促进了学校间、教师间的互动交流，也有助于使教师整体素质得到均衡发展，加强不同学校之间的教学经验互补，促进教育资源的共享和优化。这种集体智慧的碰

---

① 蓝婷. 基于大概念的小学科学单元整体教学策略研究——跨校协作活动. 厦门市康桥外国语小学微信公众号.

撞和共享，不仅教师在教学上能够取长补短，也能够推动整个教育水平的不断提升。

二、研课磨课的流程

整个研课磨课的流程是一个反复迭代的过程，在这个过程中，教师以开放的心态，不断观摩、总结和调整，不断优化自己的教学设计，以提供更优质的教学体验和学习成果，提升整体的教学质量和效果。

1. 确定研课磨课课题

教师首先要明确自己的教学需求和关注点，然后选择一个具体教学内容作为研课磨课的课题。

2. 研究和查找资源，制定研课磨课目标

教师要深入研究所选的磨课课题，钻研教材、课标及学生核心素养的培养要求，并查阅相关的教育理论、学科知识和实践经验。重要的是要了解当前研究领域的最新发展和推荐的教学方法。

同时，在研究课题的基础上，教师还要制定明确的研究目标。这些目标应该具体、可衡量且与教学实践密切相关。例如，提高学生阅读理解能力的教学策略可以将目标定为"在一个学期内提高学生的阅读理解准确率至少 10%"；或者学生能结合注释、故事细节，并用自己的话讲述《桃花源记》的故事。

3. 设计教学方案，邀请磨课导师

教师根据研究课题和目标设计教学方案。这包括教学内容、教学方法、评估方式等。教师还可以选择和适应不同的课堂活动和教学资源，以满足学生的学习需求。

教师要根据情况选择合适的磨课导师，可以是同学科教师、同年级不同学科教师、跨校教师，也可以是教育专家、教研组组长等。教师应事先向磨课导师简要介绍研究课题、研究目标和教学方案，并约定磨课的时间和地点。

4. 准备教材、课件，开始磨课

教师根据自己的教学方案准备所需的教材、课件和其他教学资源。在约定好的时间和地点，教师与磨课导师进行磨课活动。教师根据自己设计的教学方案进行实

际的教学演示，展示自己的教学能力和教学思路。

5. 教师组织观摩和记录，提供反馈和建议

参加观摩的教师要在磨课过程中仔细观察授课教师的教学活动和学生的学习情况，并记录自己的观察和评价。关注教师的教学目标是否清晰、教学过程是否符合教学目标、教学方法是否合理和有效等。

磨课导师在磨课结束后，与教师进行反馈和讨论。导师提供对教师教学过程的评价和建议，指出优点和改进的方面，并就教学设计、教学方法、学生参与等方面给出具体建议和可能的改进措施。

6. 教师进行反思与调整，继续研究和实践

在听取磨课导师的反馈和建议后，教师进行深入的反思和分析。教师思考导师提出的意见和建议是否合理，是否与自己的教学目标和教学实际相符。然后，教师根据需要进行教学设计和实施调整，以提高教学效率。

教师继续进行研究和教学实践，应用磨课导师的建议和改进方案进行教学改进。可以在实际教学中收集数据、评估学生的学习成效，并根据结果进行调整和优化。

研课是一个持续不断的过程。教师在教学实践中不断反复推敲、调整和完善自己的教学策略和方法，以持续提升教学效果。

主题 3

研磨结合，走上专业化成长之路

在当今快速变化的教育领域，教师的专业成长势在必行。而在这条成长之路上，研磨结合成为一股强大的力量，为教师提供了支撑、发展和加速。通过磨课和研课的结合，教师可以深化实践经验、拓展学科知识，并将理论与实践相互交融，引领自己走上专业化成长之路。

专题一 研课磨课，助力教师专业成长

一、研课：专业成长的发展点

研课作为专业成长的重要发展点，可以让教师通过研究扩展知识面，并在活动中获得理论支持和专业深化，进而推动教师的专业成长。

1. 帮助教师深入理解学科知识和教学原理

在研课的过程中，通过深入研究学科领域的相关理论和研究成果，教师可以拓宽自己的知识面，提高对知识体系和学科发展的把握。这种理论支持可以帮助教师更好地解读和理解学生的学习情况，为教学设计和实施提供有效的指导。

2. 促进教师的实证研究能力和创新思维

在研课的过程中，通过实证研究，教师可以将学科理论与实践相结合，验证教学策略和方法的有效性，并提出创新性的教学方案。这种研究的过程，培养了教师的科学研究能力和批判性思维，使其具备更好的教育实践能力和探索精神。

3. 提高教师的专业认同感和自主学习意识

在研课的过程中，通过参与学术研讨会、撰写论文等方式，教师可以与同行分享和交流专业知识和经验，进一步加深对教育事业的热爱和专业认同。同时，研课也要求教师具备自主学习的能力，通过独立思考、查阅文献、参与学习社群等方式，深入研究和探索学科领域的前沿问题和创新思路。这种自主学习的意识和能力可以帮助教师持续更新自己的知识和教学方法，不断提升自身的专业素养。

教学《我的叔叔于勒》时，我们习惯于评鉴菲利普夫妇在"盼于勒—赞于勒—骂于勒—躲于勒"的情节发展中的言行神态，得出"自私、冷酷、精明、刻薄、唯利是图"等人物性格和"人与人之间赤裸裸的金钱关系"的主题，这样的教学已基本深入文本精神的层面，但我认为还需深度研课，还要多追问、多反思一个问题：菲利普夫妇对于勒的态度是他们的本性使然吗？如果是本性，那他们的行为只能代表他们自己，不能说是"整个社会人与人之间"是"赤裸裸的金钱关系"。小说批判的矛头就只指向菲利普夫妇这个个体，小说反映社会生活的功能也就弱化了。如果不是本性，那菲利普夫妇这个"点"和整个社会这个"面"的连接点在哪里？

解决这个疑问显然要从菲利普夫妇的生活现状、社会环境这些次文本资源的解读入手，否则对菲利普夫妇的认识太单一，对小说主旨的解读流于肤浅。菲利普夫妇的思想行为自有其生长的土壤——他们的生活现状和社会氛围。一是拮据的家庭经济，靠每天的精打细算才勉强维持一家人的最低生活；两个大龄女儿的婚姻成为全家最发愁的事，说明菲利普家的生活是经不起任何冲击的。二是社会舆论的导向"在生活困难的人家，一个人要是逼得父母动了老本，那就是坏蛋，就是流氓，就是无赖了"。"人们按照当时的惯例，把他送上从哈佛尔到纽约的商船，打发他到美洲去。"这表明菲利普夫妇对于勒的态度并不另类，而是代表着当时社会的主流价值观。是现实社会绑架了菲利普夫妇的思想行为。理解这一点，一个小市民窘迫的精神世界就完整地呈现在我们的眼前了，"人与人之间赤裸裸的金钱关系"也就有了更扎实的落脚点，小说也就有了更强烈的现实批判意义。①

案例中教师通过深度研课，深入研究教学内容，将各类资源在不同层面上相互融合和支撑，从而构建起一个真实而完整的现实情景。这样的教学方式一方面能够引导学生真正地融入文本所描绘的场景中，让他们身临其境地感受其中的情感和体验，品味小说独特的韵味，另一方面还可以提高教师的教学水平和专业素养。

二、磨课：专业成长的支撑点

磨课作为专业成长的重要支撑点，提供了教师实践中的具体案例和实证经验，为教师专业成长提供了有力的支持。

1. 帮助教师发现并分析教学中的问题

在磨课过程中，通过实践中的观察和反思，教师可以发现学生在学习过程中

---

① 沈庆九. 深度研课，读出三昧. 语文知识 [J]. 2015 (6).

可能遇到的困难、误区或需要改进的方面。这些问题的发现是教师专业成长的重要起点，帮助教师认识到自身在教学中存在的不足，并为进一步的发展提供了明确的方向。

2. 促进教师教学策略和方法的更新

在磨课的教学实践中，教师往往会经历一系列尝试和探索，通过不断调整和改进教学策略和方法，教师可以发现更加有效的教学方式，并对课程内容和教材进行个性化调整。这种实践中的试错过程，可以帮助教师更好地理解学生的需求，提高教学的针对性和灵活性。

3. 提升教师的教学反思和评估能力

在磨课的实践中，教师可以通过反思和评估自己的教学效果，了解哪些方面需要改进和加强，进而制订相应的提升计划。通过不断的反思和评估，教师可以建立起对自己教学效果的敏感性，培养教学质量意识，进一步提升自身的专业能力。

所选课题是"依法保护人类共有的家园"。

根据通知要求，教师必须先上交一个教学设计，只有通过教学设计初选，才能进入候选人的行列。尽管这个课题我曾精心打磨推敲过，但是，当潜下心要写出一份高质量的教学设计，远非想象的那么简单，在很多地方仍是举步维艰，例如怎么写教学设计？教学设计包括哪些环节？如何体现设计理念？教学过程怎样预设？怎样才能促进课堂智慧的自然生成？一个个问题萦绕脑海，呼之即来，但是却挥之不去。于是我开始了独磨课例文本的过程。我一边查阅资料了解教学设计的结构，一边继续研究教材，大到教学环节的反复推敲，小到字斟句酌的不断修改，历时两周，教学设计文本终于定稿。

因此，我开始了更为艰苦的磨课过程，我几乎把所有的空余时间都倾注到这节课上，经过一番紧锣密鼓的准备，我信心满满地迎来了第一次课堂验收。我得到了市教研领导、学校领导和同事近乎"体无完肤"的点评，这也是语重心长、一针见血的评论，它们为后来课堂的蝶变重生积蓄了勇气和力量。

否定自己是一个很痛苦的过程，超越自己也不是一件容易的事情，离最后期限只有十多天了，我该何去何从？此时此刻，我的脑子是满的，时间是满的，心却是空的。我强制自己以"归零"的心态重新挖掘教材，以"归零"的心态重新设计思路，以"归零"的心态再次试讲。"看似寻常最崎岖，成如容易却艰辛。"靠着"磨你千遍也不厌倦"的执着，最后的课堂实践通透着一种简约大气高效之美。至此，我才真正领悟到诗人陶渊明所描述的"初极狭，才通人，复行数十步，豁然开朗"之境界。①

在上述磨课案例中，教师经历了反复推敲、打磨课程的过程，并在这一过程中不断总结、反思，发现并分析问题，调整教学设计，对教学方案进行修改、实践、再修改、再实践，最后磨出了优质的教学方案，磨出了精彩的课堂。

三、研磨结合：专业成长的加速器

研磨结合是指将磨课与研课相结合，通过实践，加速教师的专业成长进程。它是教师专业发展中的重要加速器，能够充分发挥出研究和实践相互促进的作用。

1. 帮助教师建立起理论与实践的联系

通过将理论知识运用到实际教学中，教师可以验证理论的可行性，并不断修正和优化自己的教学方法。同时，实践中的问题和挑战也反过来推动教师进行深入研究，探索更有效的解决方案。研磨结合的相互补充和协同作用，加速了教师专业成长的进程。

2. 促进教师的反思和自我调整

通过研究和实践的交替进行，教师可以不断进行反思和自我评估，发现自身的不足和改进的空间。这种持续的反思和调整可以帮助教师不断提高自身的专业素养，并实现更高水平的教育目标。

---

① 王立东. 磨课的真谛——磨课案例引发的思考 [J]. 思想政治课研究，2015（3）.

3. 培养教师的教育研究能力

通过研究和实践的结合，教师可以培养解决问题的能力和创新思维，同时也可以提升教育研究的能力和水平。这种创新精神和研究能力的培养，让教师能够更好地应对教育领域的变革和挑战，不断推动教育的进步与发展。

在此次活动中，冯老师历经多次试教后，不断改进教学设计，不断优化教学过程，给大家呈现了一节优秀典型的课例"用估算解决问题"。

在几次的试教中，冯老师均使用鸿合电教平台进行教学，融合了 2.0 信息技术，渗透我组 3 个能力点：A3 微课程设计与制作、A14 自评与互评活动的组织与 G1 多技术融合教学的方法策略。冯老师将多种信息技术与数学教学有机结合，化抽象为具体，使学生轻松学习知识，从而切实激发学生的学习兴趣。每试教完一次，数学组的教师们便积极发表自己的看法，把自己的经验、想法毫不保留地与大家分享，使大家受益良多。

在典型课例展示前的一次科组活动中，冯老师又把教学的过程重新梳理一遍，每个环节如何突破，哪些地方使用何种信息技术，如何过渡，细到老师所说的每一句，都一一进行规范。

在典型课例展示中，冯老师采用游戏导入的方式，复习"近似数"的知识点，为学习估算做准备。紧接着利用多媒体播放生活视频，引导学生通过观看动画提取数学信息，明确要解决的问题，利用多媒体视频引入问题的方式，不仅可以较好地激发学生学习的兴趣，还能为后续学习用估算解决问题做好铺垫。新授环节，冯老师利用白板展示重要知识，运用实物展台反馈学生的学习情况，再通过鸿合平台呈现看电影、曹冲称象等情境进行闯关练习巩固本课"用估算解决问题"这一知识。通过多重手段，学生经历解决问题的一般过程后，发现解决这种"够不够"的实际问题不必算出准确结果，用估算的方法更加方便。

冯老师在课上融合更多的信息技术辅助教学，让学生在学中玩、玩中学，进而使学生明确，估算方法的选择应根据实际情况而定，以理解问题为标准，从而培养学生根据需要灵活进行估算的意识和能力。

课程结束后，冯老师对这节课做了说课和反思，认识到在教学过程中也存在诸多不足之处，为了让教学流程顺利进行，教学速度放慢了很多，学生在操作过程中不仔细、没说清楚活动要求、对于技术融合的了解尚处于初级阶段等，在今后的教学中要注意改正不足，力求进步。①

从上述案例可以看到，教师经历了多次研磨课程后，不断反思和实践，在理论与实践相结合的过程中进行自我调整，培养教育研究能力的同时，也完成了一节精彩的教学。

综上所述，研磨结合是教师专业成长的重要路径。通过磨课和研课的有机结合，教师能够在实践中发现问题、调整策略，在研究中深化理论、创新思维，加速自身的专业成长。教师应该积极探索研磨结合的方式，不断努力成长，为学生的教育提供更优质的支持和指导。

---

① 陈裕. 梅花香自苦寒来，"典型案例"磨砺出——记芦塘小学数学教研组 2.0 提升工程典型案例研磨活动. 微信公众号：佛山市南海区狮山镇芦塘小学.

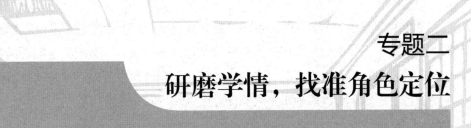

专题二
研磨学情，找准角色定位

　　研磨学情，对学生进行学情分析是核心素养下课堂教学的基石，因为只有了解学生的学习现状、学习需求和学习兴趣，才能为他们提供最佳的教学经验。没有科学的学情分析，教师的教学将无法达到让人满意的效果。因此，要实现从"为学习者"的教学向"为学习"的课堂转变，达到培养学生核心素养的目的，就要将学习和学生二者的结合作为焦点。

主题 1

研磨学生的"最近发展区"

学生的"最近发展区",也称为"近期发展区",这个概念最早由心理学家维果茨基提出,并被广泛应用于教育领域。这一理论认为,学生的发展有两种水平,一种是现有的在独立活动时能达到的解决问题的水平,另一种是通过教学而获得的可发展水平,这两种水平之间的差距就是"最近发展区"。

一、"最近发展区"的内涵

"最近发展区"这一概念是维果茨基理论中独创的一个概念,要充分认识这一概念,需要从既知与未知、内化与外化的维度深入解读。

1. 既知与未知

既知,是指学生已经知道的东西;未知,则是指学生还不知道的东西。从未知到知、从不懂到懂的过程,就是学校的教学,也是教学要实现的过程。教师的责任,就是帮助学生在心中内化未知的教学内容。教学过程的开展,也就是为了把客观存在的知识在学生心中加以内化,在已知和未知之间建起桥梁,最终实现知识的重构。

在课堂教学的过程中,如果只是对"既知"的内容进行追问,无法激发起学生继续探究的欲望;而贸然间提出未知的学习课题,学生也无法找到解决这一问题的线索,必须抓住学生"似懂非懂"的微妙心境,让学生处在"既知"与"未知"之间,才能产生"质疑",才能有解决问题、展开思考的活动。

2. 内化与外化

内化与外化是人类发展的两个媒介过程。从内化与外化的角度理解,意味着要将学生的学习过程视为从外部支持到内部控制的过渡。

外化知识就是指学生通过外部工具和资源来获取和表达的知识，例如书籍、讲义、图表等。内化知识则是指学生将外部知识转化为内部认知结构，个体化地理解和运用这些知识。了解学生的外化知识和内化知识的差异，可以帮助教师理解学生当前的学习水平和发展需求。

教师可以提供外部工具、模型和策略，辅助学生的学习过程。这些外部支持可以帮助学生建立起对知识的初步理解和应用，逐渐掌握学习任务所需的技能和策略。教师可以通过引导和提示，促使学生思考和内化所学内容。在学生的学习过程中，教师还可以逐渐减少学生对外部支持的依赖，鼓励学生更多地依靠内部认知，开展"做中学""创中学"等多种形式的自主学习。通过逐步减少外部支持，学生有机会在内在驱动的情况下激发学习的兴趣，提升自己的学习能力，从而超越当前的学习水平。

二、多种途径找准学生的"最近发展区"

明确了"最近发展区"于教学和学生学习的重要性，是找到学生的"最近发展区"的重要前提。教师要开展教学活动，促进学生学习，以达到培养其核心素养的目的，就要综合运用多种多样的方法研磨学情，来找到学生的"最近发展区"。

1. 课前分析诊断

赞可夫说，在实际教学中，如果我们还是根据教材按部就班地进行教学，忽视了学生的发展水平，忽视学生发展的潜力，就等于犯罪。为此，教师要在教学前借助于课前分析诊断，发现学生的现有水平和可能达到的水平，然后通过预设和课堂上的训练找到学生能够达到的较高发展水平，其中的差距就是学生本节课学习的"最近发展区"。

"角的初步认识"是小学数学"图形与几何"领域"图形的认识"中的相关内容，在不同的学习阶段，对"角"的定义是不同的：小学四年级对角的定义是描述性的，从一点引出的两条射线可以组成角；小学二年级则更加直观，只要求学生找一找、指一指、画一画、做一做，具体感知角的特征。

那么，对于二年级未上这节课的学生来说，他们认识角吗？毋庸置疑，角在生活中很常见，如桌角、墙角，三角形有 3 个角，角是尖尖的，等等。但学生很容易混淆数学中"角"和生活中"角"的含义，造成学习困难。

于是，我对本校二年级 4 个班共 158 名学生进行了学情调研："你在生活中见过角吗？请在作业纸上画出来。"结果显示，26.5% 的学生能正确画出角的符号，其中 10.8% 的学生画出了大小不同的几个角；45.6% 的学生画的是图形，如三角形、正方形等；27.8% 的学生画的是各种语境中的角，如牛角、嘴角、山脚等，其中 17.7% 的学生画的是硬币 1 角或 5 角。

由此可见，二年级的学生对角有一定的认识，只是多数学生知道具体的物体或图形中有角，但对角的本质属性还不够明确。

数学教学活动必须建立在学生的认知发展水平和已有的知识经验基础之上，基于教学的内容、学生的学情来确定教学目标，设计教学过程。于是，我针对上述学情调研情况进行了相应的教学设计。①

案例提示我们，教师如果通过回顾先前的教学内容或对学生进行预测性评估来确定教学，在了解学生在学习主题或课程中所需要的先修知识和技能的前提下实施教学，那么将会为学生的学习扫清障碍，促使其从"要我学"变为"我要学"，使之从"课堂的获得者"向"课堂的贡献者"转变。

教师通过课前分析诊断了解学生已经掌握的知识和技能，帮助自己建立起与学生的联系，可以为后续教学做好准备。为此，教师可以设计一份预课调研或测验来了解学生在该主题或课程领域的学习水平，通过仔细分析预课调研或测验的结果，发现学生的短板、常见错误和深入理解的困难，找到学生尚未掌握或理解有限的部分，这就是学生的"最近发展区"。

2. 课堂有效提问

布鲁纳曾说："向学生提出挑战性的问题，可以引导学生发展智慧。"提问是课堂教学常用的"法宝"，是课堂教学的主要形式。教师根据教材内容、学生的实际情况巧妙设计一些问题，并在教学过程中根据学生回答的情况适时调整，在调整的过程中找到能让学生动动脑、有兴趣、能回答的科学且有价值的问题，

---

① 吴敏. 教学设计：基于学为了学——以《角的初步认识》为例. 微信公众号：贾友林学为中心.

也可以找到他们的"最近发展区"。

一位教师在"小数的性质"一课的教学中是这样做的。

前置一个挑战思维的问题：如何让 1＝10＝100 这一等式成立？学生用长度单位得出 1 米＝10 分米＝100 厘米。再让学生思考如何将上一等式改成用米作单位？学生思考得出 0.1 米＝0.10 米＝0.100 米。接着，教师引导学生从左往右或从右往左观察，看看发现了什么？通过观察，学生一眼就发现了等式仍然成立，还发现每个数的末尾多一个"0"或少一个"0"。而在学生的回答中，发现他们对"末尾"这个词无法准确表述，出现用"小数后面"和"小数点后面"两个词来表述。由此可见，理解"末尾"一词是小数的性质概念教学中的关键，如果帮助学生理解了"末尾"这一词的深刻内涵，就是帮助他们实现从对小数性质表象认识到深刻含义的理解，这就是学生学习这一概念的"最近发展区"。

于是教师调整教学策略，根据现场学生座位，让学生通过找寻在 A 同学后面和 A 同学末尾的同学的活动，对比中发现"后面"与"末尾"的含义区别，最终让学生自主调整认识，完善概念并理解概念。在此基础上再设置应用小数性质的问题，进一步拓展学生学习的内容与能力。

根据学生的回答不断调整提问的方向与内容，找准学习小数性质的"最近发展区"，在不同班级教学时及时调整教学方式，在学生的"最近发展区"内进行有效教学，这样做不但能调动学生的积极性，还可节省教学时间，提高课堂教学的效果。①

从案例可以看到，教师借助一个挑战思维的问题引发学生思考，从而在学生的思考和回答中找到"最近发展区"，调整教学策略，优化问题，促成学生有效学习。

在寻找学生的"最近发展区"时，教师可以设计一些开放性问题，要求学生解释、探究或质疑，利用这样的问题引导学生展示他们对所学内容的理解和应用能力，同时也将其疑惑和困难表现出来；教师也可以提出一系列多层次的问

---

① 王春琳. 小学数学课堂中如何发现学生的最近发展区［J］. 中国教育技术装备，2015（5）.

题，形成问题链，使之涵盖从表面知识到深层知识的不同层次知识，借助这样的问题帮助自己了解学生对不同层次的知识和技能的掌握情况。而教师则在观察学生的回答和提问的过程中确定学生的"最近发展区"。

3.巧妙设计游戏闯关方法

教师还可以在教学活动的过程中根据实际情形，创设与新课相结合的游戏，把学生已经掌握的知识和可能达到的新知水平综合设计在闯关游戏中，设置一定的难度，呈现障碍，使得学生面对挑战，激发他们探索的欲望，真正让学生运用所掌握的知识，发挥其现有的能力，挖掘其潜能，确定"最近发展区"。比如下面这个案例中的教师，就是借助闯关游戏确定学生的"最近发展区"。

"除数是小数的除法"教学中，设置以下六关计算闯关游戏，每进入一关给予加分。这六关分别是"复习商不变性质""除数是两位数的整数除法""被除数是整数，除数是小数的除法""被除数和除数都是小数除法（小数位数相同）""被除数和除数都是小数除法（除数小数位数比被除数小数位数多一位）""被除数和除数都是小数除法（被除数小数位数比除数小数位数多一位）"。前三关涉及学生已有的知识基础，他们很快就闯关成功。正当他们高兴地进入第四关——被除数和除数都是小数时，答案就出现不同了，说明学生在学习中遇到了困难，不能再用原有的知识解决当前的问题了。

如何帮助学生从第三关顺利到达第四关，就是新课教学的难点与重点。通过对比发现，第三关与第四关的区别只是除数不同，教学中就重点引导学生如何利用商不变性质将第四关的小数除数变为第三关中的整数除数，就可以用前一节课的知识解决新知识了。应该说到这一关完成了教材给予的课时教学要求，但学生的潜能在闯关游戏中不断被挖掘，他们在挑战的驱动下，当第五关和第六关出现时，已有强烈的克服障碍的欲望，在闯关的过程中不但主动积极还激发了思维，让思维在一次次闯关中得到碰撞，每一次的成功说明已进入下一个新的发展区，本节课的"最近发展区"就从第四关上升到了第六关。

当然，"高难度"的游戏闯关并不意味着越难越好，难度只有定位于"现有发展水平"之上，落实于"最近发展区"之中，才有利于促进学生的一般发展。①

总之，教师在实际教学中倘若如上述案例一样，通过游戏的方式为学生提供不同层次难度的问题和任务，以适应学生的不同水平和能力。对于掌握较好的学生，可以提供更高难度的挑战；对于掌握较弱的学生，可以提供更多的支持和引导。观察学生在游戏中的表现，可以发现他们的短板和需要发展的领域，找到他们真正的"最近发展区"。

主题 2

研磨学生的思维模式

在教育领域，教师的教学目标不仅是传授知识，更重要的是激发学生的学习兴趣，培养学生的思维能力。作为教师，我们需要思考如何引导学生建立正确的思维模式，使他们能够在学习和生活中具备更加灵活且高效的思考能力。

一、理解学生的思维模式

学生的思维模式是指学生在学习和思考过程中所展现的一种思维方式或认知策略，是学生对问题和信息的理解、处理和应用的方式。学生的思维模式包括学生通过思维活动进行知识建构和问题解决过程中所采用的方法和策略。

1. 分析和综合

分析和综合是指学生对问题进行分解、分析和合成的能力。学生可以通过分析问题的各个要素、关系和作用来理解问题的本质，并通过综合不同的信息和观点来得出结论。

---

① 王春琳. 小学数学课堂中如何发现学生的最近发展区. 中国教育技术装备，2015（5）.

2. 批判性思维

批判性思维是指学生对信息和观点进行判断和评估的能力。学生可以通过批判性思维来分析和评估不同观点的合理性和逻辑性，从而形成自己的见解和意见。

3. 创造性思维

创造性思维是指学生可以通过创新和独特的思维方式来解决问题或提出新的观点。他们可以运用想象力、联想和批判性思维来发展创造性的解决方案。

4. 推理和逻辑思维

推理和逻辑思维是指学生可以通过逻辑推理来判断和推断，从而解决问题或得出结论。他们可以运用概念、原则和规则进行逻辑思考，并通过推理来推导出新的观点和解决方案。

二、研磨思维模式的培养方法

学生的思维模式是多样且复杂的，每个学生都有独特的认知方式和思考习惯，了解学生的思维模式是为了更好地与他们进行有效的教学互动，而多角度研磨思维模式则提供了一个更深入、全面的视角来促进学生的思维能力，教师可以从不同的维度来观察学生的思维模式，比如记忆能力、逻辑推理、创造性思维、批判性思维等，通过将这两个方面相互衔接，教师能够更有效地引导学生的学习，以促成核心素养的形成。

1. 培养学生的分析与综合思维能力

分析与综合思维是培养学生综合能力和解决问题能力的关键。通过分析问题的要素和关系，将不同的信息和概念综合起来，学生能够更好地理解复杂的情境和挑战，提出创新的解决方案。

（1）教授分析工具和技巧

教师可以教授学生分析工具和技巧，如 SWOT 分析、因果图、逻辑树等。这些工具可以帮助学生将复杂问题拆解成有序的元素，并帮助他们识别关键要素和关系。

（2）强调系统思考

培养学生的系统思考能力，帮助他们将不同的知识和观点组成一个整体的框架。教师可以引导学生制作概念地图、思维导图或流程图等，以帮助他们更好地理解和应用所学知识。

（3）鼓励学生进行案例分析和实践

引导学生分析和解决实际案例，通过实践来提高他们的分析和综合思维能力。教师可以提供实际问题和情境，让学生运用所学知识和技巧，提出解决方案并评估其有效性。

一、教师的前期分析

1.学生的地理知识储备分析：学生在"工业的区位选择"这一节课的学习中，已经知道影响工业区位选择的主要因素，并能理解5种导向型工业的主要特点及其区位选择原则。而工业的区位选择这一知识点也能体现分析与综合能力。在学生对工业区位的有关知识点掌握的基础上培养学生的分析与综合能力将更加有效。学生的分析与综合能力的提升也更加轻松。

2.分析与综合能力层次分析：在分析与综合能力概念讲述的学习模式中，学生已经对相关概念有一个清晰的认识，但分析与综合的思维过程比较抽象，并不能很好地表达自己的分析与综合能力。在思维导图型学习模式中，通过学生绘制分析与综合能力思维过程的思维导图来进一步提升学生的分析与综合能力。

二、微课程教学内容设计

1.确定学习目标

了解分析与综合能力在工业的区位选择中的体现，能从分析与综合的角度绘制工业区位选择的思维导图。

2.地理知识点的讲解

……

3.揭示背后的分析与综合能力

工业区位的选择，简单来说就是工业生产场地的选择。这是一个比较复杂的问题，为了选择一个较好的工业场所要从工业生产的内在联系出发，考虑影响工业生产布局的因素有哪些并分析这些因素如何影响工业区位的选择，这一过程恰好体现了分析的思维过程；但工业区位的选择并不是只有简单地考虑这些因素的影响，更为重要的是将这些因素综合起来考虑，最终选择（绘制思维导图）。

在此之前学生已经知道影响工业区位的因素，也知道其背后的分析与综合能力，但是分析与综合的思维过程停留在学生的脑海中，比较抽象，教师也无法判断学生是否掌握了分析与综合能力。因此，在此环节中，教师从分析与综合能力的角度绘制工业区位因素图（小测）。

在上一个环节中教师已经为学生绘制了工业区位的思维导图，学生可以更加直白清晰地知道分析与综合的思维过程。

我们不仅要知道工业区位背后的分析与综合的思维过程，还要将抽象的思维过程以思维导图的形式呈现出来。思维导图的绘制一方面可将抽象的分析与综合的思维过程具体化，另一方面便于教师对学生是否掌握分析与综合能力进行判断。[1]

案例中，教师通过对课程及学生知识储备的分析设计教学内容，教授学生运用思维导图进行学习，通过思维导图，学生可以将复杂的信息进行分类和归纳，从而理清思路。这种可视化的方式有助于学生发现事物之间的关联和相互作用，提升他们的分析与综合思维能力。

2. 培养学生的批判性思维能力

在信息爆炸和社会变革的时代背景下，学生需要具备独立思考、理性评估和推理判断的能力，以应对复杂的现实问题和挑战，批判性思维使学生能够审查和分析信息，评估其观点和论证，形成自己的观点。

（1）提问引导

教师在课堂上提出具有启发性的问题，鼓励学生进行思考和讨论。通过解答问题的过程，学生可以锻炼批判性思维，提高思维的深度和广度。

（2）开展辩论活动

教师组织学生进行辩论活动，让他们从不同角度思考问题，培养学生分析、

---

① 吴博文. 中学地理微课程分析与综合能力培养学习模式研究 [D]. 福州：福建师范大学，2015.

评估和表达观点的能力。辩论活动可以激发学生的思辨意识，提高他们在争论中思考问题的能力。

（3）评估推理过程

教师可以指导学生评估自己和他人的推理过程，引导他们发现逻辑漏洞和偏见。此外，教师还可以提供经典案例供学生分析，让他们在实践中培养批判性思维。

在讲授《项链》的时候，需要从多个角度进行解读，既可以从社会的角度，也可以从个人的角度，因此教师在课堂上向学生问了这样一个问题：你们认为造成主人公悲剧的原因是什么？你如何看待主人公的行为？学生在接收到这种问题的时候，可能会产生一种固有的想法，多数学生会认为是这个黑暗的社会造成了主人公的悲剧，这个存在阶级差异的社会让主人公无法真正面对发生在她身上的事情。但是从另一个角度思考，主人公本身存在的贪慕虚荣也是造就她悲剧的原因，因此教师可以选择这种有拓展空间的问题让学生进行思考，从而开阔学生的思维。

例如，教师在讲授《哦，香雪》时提出这样的问题：主人公喜欢铅笔盒这一行为你是怎样看待的？同学们同意这是虚荣的表现，还是同意这是自尊的表现？这种问题的提出同样也是让学生在探索的过程中从多角度思考问题，大部分学生会认为这是一种自尊的表现，在文章中对香雪想要铅笔盒进行了两处的描写，并且也写出了香雪为得到铅笔盒付出的辛苦，在作者的描写中，这已经不仅仅是对实物铅笔盒的追求，更是对文化的追求，是香雪想要脱离那种落后现状的急迫的愿望，是一种自尊自爱的表现。但是也会有学生认为这是一种虚荣的表现，这就是教师通过这个问题促使学生对文本进行深入思考，培养学生的批判性思维。[1]

案例中的教师通过提出启发性问题激发学生多角度思考问题，帮助学生发现问题的本质，揭示隐藏的因果关系，促使他们主动触发和运用批判性思维。

---

[1] 张爽. 高中现代文阅读教学中批判性思维的培养研究 [D]. 沈阳：沈阳师范大学，2020.

3. 培养学生的创造性思维能力

创造性思维既是人类思维的核心能力之一，也是学生未来成功所必备的素质。教师可以通过以下方法来培养学生的创造性思维。

（1）引导学生进行创意思维训练

教师可以引导学生进行创意思维训练，例如通过头脑风暴活动或思维训练，鼓励学生发散思维，勇于提出新颖的观点和解决问题的方法。

（2）鼓励学生进行探索性学习

鼓励学生在学习过程中主动探索和尝试新的想法。教师可以提供开放性的问题，让学生在发现问题、研究问题、解决问题的过程中培养创造性思维。

（3）创设多元化的学习环境

教师可以创造一个多元化的学习环境，提供不同的学习材料和资源，并鼓励学生尝试通过不同的方法和途径来解决问题。例如，可以组织学生参加科学实验、艺术创作、社区服务等活动，培养他们的创造力和想象力。

结合高中思想政治课中"可持续发展"的内容，我设计了"家乡河流的变化与可持续发展"的案例进行教学。

上课前一周的周五我将围绕案例的几个问题印发给学生（观察家乡河流的污染情况？主要有哪些污染物？询问家长或年长的人，今年和往年河流的情况，观察并思考引起河流变化的原因；针对目前的状况，你认为如何解决？你自己将怎样做？等等），让学生利用双休日进行观察、调查、访问，收集各种信息资料，进行分析思考。到了课堂上，因为有一手资料，学生们都有话可说，纷纷发言，相互交流和补充，教师再进行归纳、指导。学生对造成河流污染的原因分析得非常全面，除了教材上介绍的乡镇工业、农业、农民生活污水外，还通过调查访问发现自从农村有了自来水后，农民们就不注意保护河流的清洁了，养殖业、洗浴业、医院、诊所是造成河流污染的"新杀手"，最后得出结论——污染影响了家乡的可持续发展。通过这样的教学，学生的实践能力、创新意识都得到了锻炼和培养。

我在高一年级"树立正确的消费观"这一框题的授课过程中，使用幻灯片向同学们展示了3幅漫画：甲的消费观念是精打细算——有了钱赶紧存银行，不到万不得已决不消费；乙的消费观念是量入为出——根据自己的收入盘算着如何花钱；丙的消费观念是积极消费——按照自己的意愿去追求物质和精神享受，"花明天的钱圆今天的梦"。我要求学生围绕材料讨论为什么会出现这种现象，这种现象将对当代社会发展造成什么影响，由于这个讨论主题源于现实生活中，学生比较感兴趣，因此稍作准备后，同学们便踊跃发言，参与讨论。在整个争论过程中，我对同学的观点都给予了肯定，并进一步要求同学运用辩证观点来加以分析。15分钟的课堂讨论，同学们始终处在积极思考、积极探索的氛围中，思想的火花、创新的萌芽不断出现，最后我要求同学们下课后继续做好这一问题的调查工作，收集各方面材料，然后以"消费观念之我见"为题撰写小论文，巩固和拓展课堂讨论的成果。①

案例中，针对"可持续发展"授课内容，教师采用案例教学，引导学生自主学习、自主思考、自主分析，让学生在实际问题和情境中主动参与，加深对知识和概念的理解，在讨论交流过程中，创新思维能力不断深化。在"树立正确的消费观"授课过程中，教师运用问题教学，引导学生打破思维定式，进行联想、想象，有效激发学生的求知欲和创造性思维。

4. 培养学生的逻辑思维能力

逻辑思维是指关于辨析、分析问题和推理判断的能力，对于学生来说是至关重要的。教师可以采取以下策略来培养学生的逻辑思维能力。

（1）引入逻辑思维的教学方法

教师应该引入适合学生年龄和能力水平的逻辑思维教学方法。例如，教授学生辨别论证结构，识别逻辑谬误和错误推理，以及开展逻辑推理和证明等活动。

（2）提供逻辑思维的练习机会

教师可以组织学生进行逻辑思维的练习，例如通过讨论、案例分析、问题解决和游戏等方式。这些活动可以帮助学生培养分析问题、提出合理观点和做出相应判断的能力。

---

① 黄志荣. 思想政治课的创造性思维培养研究——以职业高中为例［D］. 上海：华东师范大学，2018.

（3）强调逻辑推理的重要性

教师应该为学生提供关于逻辑推理的实际应用和重要性的示例，让学生意识到逻辑思维在解决问题、做出决策和与他人进行有效交流时的重要性，从而激发他们对逻辑思维的兴趣。

首先由龙柏中学秦珊珊老师带来研讨课 9AU6 Protecting the innocent。秦老师英语素养较高，基本功扎实，上课富有亲和力。她懂得利用文本特征，如标题、图片等，让学生进行推测，培养逻辑思维能力。在 while-reading 环节，秦老师通过文章中的线索引导学生思考，如黑珍珠耳环、有泥的地毯等，通过细节了解 detective Ken 的破案过程并提炼其人物性格。随后又从 Mr. Jones 的角度推测作案过程并讨论其人物性格。紧接着，通过对 Mr. Jones 和 detective Ken 的能力及品质进行比较，引导学生懂得品质的重要性。最后让学生进行"雇佣侦探"的小组活动，学生以小组为单位说出自己的性格并举例，例子需要支撑该品质，体现了学科育人的价值。

随后，文来中学侯佳慧老师带来 7AU8 拓展阅读 I had a black dog。侯老师英语素养较高，基本功扎实，笑容甜美，充满活力。由于是借班上课，侯老师在课前利用英语歌曲活跃气氛，拉近了师生间的距离。她通过语言和肢体动作引导学生推测文章标题。随后播放动画视频引出教学内容，学生们非常喜欢。播完视频后，侯老师让学生通过观察图片、梳理视频中出现的例子以及猜测关键词词义得出 a black dog 的含义：负面情绪或困难。她从 effect、solution 和 meaning 这 3 个方面帮助学生梳理文章，培养学生的逻辑思维能力。她还引导学生去寻找其他调整负面情绪或面对困难的方法，让学生懂得心理健康的重要性。在读后环节，侯老师总结并与学生进行讨论：自己在生活中有没有"a black dog"。①

案例中的第一位教师利用文本特征，引导学生通过文章中的线索进行多角度预测，培养学生的逻辑思维能力。第二位教师注重课程深度化学习，层层推进，

---

① 王亚男. 聚焦关键问题，培养逻辑思维能力. 微信公众号：闵行区初中英语骨干教师培养基地.

从"是什么""为什么""怎么解决"3个方面帮助学生梳理文章，利用"激疑生惑"和设置开放式问题有效培养了学生的逻辑思维能力。

通过培养学生的思维能力，教师可以促进学生的思维深度、灵活性和创造力的发展，理解学生的思维差异，培养他们的批判性思维能力，激发他们的创造力，并鼓励他们发展自主学习能力，这些都是教师能够帮助学生培养思维能力的重要策略。当学生拥有了良好的思维能力，他们将在学习和生活中更加自信、有创意、富有成效。因此，教师在教学中不仅要注重知识的传授，更要注重培养学生的思维习惯，帮助他们发展独特的思维模式，从而实现教师和学生的共同成长。

主题 3

研磨学生的差异，找到师生契合点

美国心理学家奥苏贝尔说："假如让我把全部教育心理学仅仅归结为一条原理的话，那么，我将一言蔽之，影响学生学习新知的唯一最重要的因素，就是学习者已经知道了什么。要探明这一点，并应据此进行教学。"为此，在教学过程中，教师要注意发现学生之间存在的巨大差异，认识到每个学生作为独特的个体都拥有自己的特点、兴趣和学习方式，并基于这种差异性设计和实施教学。而要做到这一点，教师就要深度研磨学生的差异，找到与每个学生契合的教学方法和策略，进而提高教学效果。

一、了解学生的差异

了解学生的差异是研磨学生的第一步。学生的差异主要包括认知差异、兴趣差异、学习能力差异等。认知差异指的是学生在接受、处理和应用信息方面存在的差异。有的学生擅长逻辑思维，有的学生善于观察思考，而有的学生则更加擅长图像思维。兴趣差异是指学生对不同学科或活动的兴趣程度不同。学习能力差异则是指学生在吸收和消化知识方面的能力存在差异。比如，对于入学的新生，来自不同的地方和学校，这些学校所教授的知识水平会有差异，同样的课堂、同样的知识，对于学习能力及认知能力强的学生而言很容易理解，但对于水平较差的学生会感到难以消化，长此以往会产生厌学情绪。所以，了解这些差异可以帮助教师进行教学设计，为他们量身定制适合个体的教学方案。

二、根据差异制定教学目标

在了解学生的差异后，教师要实施的第二步行动就是针对这些差异，根据班级的实际情况和教学大纲的不同，对不同层次的学生分别制定教学目标。比如，可根据学生的学科成绩将学生分为高、中、低三个层次，但要注意运用这种方式时需要设定时间段，因为学生的学科成绩是变化的，所以要分时段进行。对于低层次的学生设定的教学目标为掌握学科的基本知识体系；对中层次的学生设定的目标为培养学科能力；对高层次的学生设定的目标为熟练掌握学科知识的情况下进行拓展和延伸，提升综合能力。

武胜县沿口中学关于分层制定教学目标的案例

一、分层确定知识与能力目标

……

例如《我爱这土地》，根据单元和教材内容要求，设定知识与能力目标：①正确、有感情地朗读课文；②了解文学常识和写作背景；③了解现代诗的特点和象征表现手法；④在反复朗读、品味、欣赏中理解艺术形象；⑤体会诗歌凝练含蓄的语言，结合精彩赏析和综合实践活动进行语言训练；⑥体会作者的恋土深情，激发学生的爱国思乡情怀；⑦背诵课文。这些目标是共同目标，但针对学困生来说，应降低目标要求，因此可以这样构思：①正确朗读课文；②掌握文学常识；③了解现代诗的特点；④在反复朗读中感悟艺术形象；⑤体会诗歌凝练含蓄的语言；⑥体会作者的爱国情怀；⑦选择精彩优美的句子背诵。这些目标学困生就容易达到。

二、分层确定过程与方法目标

……

例如《我爱这土地》，完成目标①，优等生可以在了解课文内容和作者思想感情的基础上有感情地朗读，目标通过各小组中优等生间的赛读来完成，而学困生可以通过查字典读准字音，找准停顿位置读通句子……完成目标⑤，学困生体会诗歌凝练的语言，找出几个典型的凝练的词或句子体会即可，而优等生则要从语言的含蓄入手，结合象征手法进行语言训练。

三、分层确立情感态度与价值观目标

……

例如，教学小说《最后一课》时，巧妙地将小弗朗士在上最后一课中的自责、认真学习的内容和情景与学生实际结合起来，特别是引导学困生与小弗朗士进行对比，看看自己与小弗朗士有哪些相似和不同，在对比中找差距、明道理，从而激发他们学习的自觉性和热情。

四、分层确立作业训练目标

……

如教学《我爱这土地》的课后写作训练：中等以上的学生，用象征手法写一篇 300 字左右的短文；学困生则用比喻修辞手法写一段话。文言文《木兰诗》，学困生完成研讨与练习二、三，积累正文下边注音注释的字词；优等生除了完成这些任务以外，还要梳理和积累文言实词一词多义、词的活用、常见句式等。①

上述案例中，根据学生的差异将学生分层，并分层制定知识与能力目标，过程与方法目标，情感、态度与价值观目标，作业训练目标，这种方法可以满足学生的个性化学习需求，确保每个学生在适宜的难度和节奏下进行学习。通过个性化的目标设定，学生可以充分发挥自己的潜力，避免过程中的挫败感和无效的努力，增加学习的成就感。同时，教师也能更好地了解学生的学习情况，及时调整教学策略和内容，从而提供更有效的指导和支持，促进每个学生的全面发展。

三、根据教学目标的差异分层实施教学

差异性的教学目标确定后，教师就要根据教学目标的差异实施分层教学，这是一种个性化和差异化教学策略，即根据学生的学习层次和能力，设计特定

---

① 唐贤贵. 关注学情差异 分层确定教学目标 [J]. 四川教育，2012（5）.

的教学步骤、内容和活动，以提供精准的教学支持和指导。在这一过程中，教师可以通过分组教学、小组活动和弹性学习等方式来提供多样化的学习体验。例如，在讲解新知识时，教师可以根据学生的学习能力不同，设置不同难度的课程或提供不同的学习资源。在安排小组活动时，教师可以将具有相似兴趣爱好或能力水平相近的学生组合在一起，使他们在合作中互相促进、取长补短。通过个性化教学，教师可以更好地满足学生的差异化需求，提高学生的学习积极性和主动性。

某中学以《赤壁之战》进行分层教学的案例

A 班大部分学生为统招生和指标生，有一小部分为文化课成绩要求相对较低的艺体生；B 班学生全部为计划外招生。从具体学情来看，A 班的学生基础相对比较扎实，思维活跃，大部分学生在初中已经养成良好的学习习惯，学习的态度积极主动；B 班学生的基础相对薄弱，好的学习习惯还没有完全养成，听课效率不高，学习上相对比较被动，希望得到教师的鼓励和帮助。

根据 A 班、B 班教学目标的不同，在每一课时，教师都应设计不同的课时目标。同时，即使是对同一个班的学生也应按能力的高低指出各层次学生应达到的要求，使每一个学生都明确这节课应该掌握哪些知识，掌握到何种程度，并努力达成各自目标，最终完成本课的学习任务。在学习"赤壁之战"时，A 班、B 班均安排了 3 个课时。B 班的安排：第一课时，学生自读课文，要求读准字音，反复诵读，最终达到熟读文本的程度；第二课时，教师划出该篇课文需要掌握的重点词句，学生对照课下注释或借助工具书默读课文，理解重点词句，准确翻译文中的句子和段落，最后教师重点讲解学生反映的疑点和难点；第三课时，从下列精彩片段中任选其一讲述故事内容，"诸葛亮的'求救'经过""鲁肃是如何劝说刘备的""鲁肃宇下劝谏""周瑜一说孙权""周瑜二说孙权"……通过复述课文，进一步熟悉文本内容，掌握基础知识。为了达成 B 班的教学目标，整个教学流程基本上为读课文、解词句、译文段、讲故事。

A 班的安排：第一课时，学生自读课文，要求读准字音，反复诵读，最终达到熟读文本的程度；第二课时，学生对照课下注释默读课文，标出自己有疑惑的地方，借助于工具书和注释自行解答，老师重点讲解学生反映的疑点和难点，最终使学生能够疏通文章大意，准确翻译文中的句子和段落；第三课时，在深入理解文本的基础上，围绕以下 4 个问题进行小组合作，分组探究。①从诸葛亮与孙权的一段对话来看，你如何评价赤壁之战时 28 岁的诸葛亮？②试比较"鲁肃劝说刘备"与"诸葛亮劝说孙权"的不同。③赤壁之战的胜利，与鲁肃有着密切的联系，评价鲁肃在赤壁之战中的功劳。④文中周瑜与孙权一共有两次对话，请评价两次谈话中周瑜的不同表现。为完成 A 班教学目标，整个教学流程为读课文、找疑难、译文段、评人物。①

案例中两个班的教学方案是根据教学目标的不同而设计的，一方面是考虑学生的个体差异，满足不同的学习需求，以挖掘学生的潜能，使学生在适当的学习层次上推动自身学习的进步；另一方面则有助于激发学生的学习兴趣，提高他们的学习效果和成绩，避免出现学习过于简单或过于困难的情况。这种教学策略有助于实施更公平、有效和高效的教育。

四、根据目标的差异分层评价及考核

为了提升学生的学习效果，教师还要根据差异性的目标对学生实施分层评价和考核。这是检验教学质量和效果的重要手段，其中包括评估学生的知识掌握、能力发展、兴趣爱好、创造性思维和社交能力等方面的表现。教师可以使用考试、课后作业、口头表达、课堂参与以及学习日志等多种评价方式，获得学生在不同领域的表现。

例如，教师可以在分层布置课后作业时，根据学生的学习层次和进展，调整作业的难度、复杂度和要求，以适应每个学生的学习需求，也可以为不同层次的学生设置不同的考核试卷，比如一套试卷设分多种题型：必做题、拓展题、拔尖题。拓展题的难度介于必做题及拔尖题之间，这样可检测各层次学生的学习水平，通过多元评估，教师可以更加全面地了解每个学生的特点和需求，以便更好地研磨教学策略，进而从中找到与学生契合的教学方式。

---

① 杨玉华. 学情差异是根本 目标分层是关键——以《赤壁之战》为例谈文言文的分层教学 [J]. 语文教学之友，2012（7）.

某中学以《赤壁之战》进行分层教学的案例

在教授《赤壁之战》一课时，按照 A、B 班学生的学情差异以及本课教学目标的不同，教师要求 B 班学生完成学案上"梳理积累""文本品读"两部分的作业，主要包括掌握课文中的字音、文言实词和虚词的意义和用法，完成课内句子的翻译以及课内文段的阅读练习，目的是进一步巩固对课本基础知识的掌握，落实本课"积累文言知识，理解文章内容"的教学目标；而 A 班的学生则需要完成"梳理积累""迁延运用"两部分的练习，"梳理积累"部分的练习与 B 班相同，而"迁延运用"板块则是完成一篇浅易课外文言文《项羽本纪》的阅读题，目的是在立足课本的基础上，能将课文中掌握的文言文知识向课外文言文迁移。当然在这个过程中，老师也要鼓励 B 班中一部分优秀的学生勇于尝试"迁延运用"中的练习，建议 A 班中一小部分基础薄弱的学生选作"文本品读"的练习而放弃"迁延运用"的练习。这样一来，分层作业就在一定程度上解决了部分学生对学习的内容感到很难掌握，而有的学生却又觉得所学的内容过于简单的问题，让学生在完成作业的过程中进一步落实课堂的教学目标。①

案例中根据教学目标的差异分层布置课后作业，一方面可以使低层次学生获得成就感，真正减轻学生的心理压力，体验学习的乐趣；另一方面对于高层次学生布置综合性和拓展性的作业，可以培养学生的创新能力，提高综合素质。

值得注意的是，研磨学生的差异并非一蹴而就，需要教师不断探索和尝试。在实践中，教师可能会遇到各种挑战和困难，比如时间紧张、资源有限等。然而，只要教师持续关注学生的差异化需求，并逐步尝试相应的教学策略，就能够慢慢找到与学生契合的教学点。

总之，研磨学生的差异、找到师生契合点是教师专业成长中至关重要的一环。通过了解学生的差异、根据差异确定教学目标、实施教学并进行差异化评估，为学生提供多元化的学习策略，培养学生的核心素养，让学生在各自的最近发展区内全面发展，达到师生的完美契合，也是教师持续进步和成长的关键。

---

① 杨玉华. 学情差异是根本 目标分层是关键——以《赤壁之战》为例谈文言文的分层教学 [J]. 语文教学之友，2012 (7).

专题三
研磨教材，树立素养培养意识

　　研磨教材是指教师对教材进行深入研究和分析，全面把握教材的结构、内容和目标；树立核心素养培养意识是指教师在研磨教材的过程中，注重培养学生的综合素养和创新思维能力。教师要通过深入研究教材背景与目标，把握教材结构与内容，多角度解读教材的内容，从而更好地理解和运用教材，提高教学质量，方能达到在学科教学中培养和提升学生的核心素养的目的。

主题 1

紧扣素养，解读教材

在教师专业成长的过程中，研磨教材是一项至关重要的任务。教材作为教育的基础工具和学习资源，具有决定性的影响力。在教师的教学实践中，如何紧扣核心素养，运用正确的方法解读教材，无疑是提升教学效果的关键。为此，教师要明确如何紧扣素养，深入解读教材，为学生提供优质的学习体验。

一、核心素养的培养与教材解读相辅相成

学生的核心素养是指学生综合发展中关键的、基础性的素养，包括知识、技能、态度和价值观等方面的综合能力。核心素养的培养旨在培养学生全面发展的基础，使他们具备学科知识素养、技能素养、创新思维、批判性思维、合作精神、沟通能力、问题解决能力、跨学科能力、心理素养等重要素养。核心素养的培养和教材解读是相辅相成的。

1. 解读教材要紧紧围绕核心素养展开

核心素养实质上在教材解读中起着统领作用，有助于规范解读教材，不同教师在解读教材的过程中，由于层次、思想角度的差异，会出现对教材解读的视角、思路、策略的不同，按照核心素养的要求解读教材确定了解读的思想根基。教材解读要服从素养培养的结果，是素养培养的过程，教师对教材的解读要在核心素养的范围内进行。

2. 解读教材是准确把握素养培养目标的前提

解读教材是核心素养落地的第一个环节，教师通过对教材的解读，可以明确学生核心素养的培养重点。教材中所包含的知识点、技能要求和价值观念等，都是教师培养学生核心素养的重要内容。只有深入解读教材，教师才能准

确理解和把握学生需要培养的核心素养，进而有针对性地进行教学设计和教学实施。

以教学《云雀的心愿》一文为例。

一、找到知识的提高点

语文课程承载着学习母语、传承中华传统文化和优秀文化的重要作用，解读教材的首要任务是找到学习知识的提高点。"云雀的心愿"是苏教版小学语文第八册第六组的一篇阅读课文。这是一篇科普童话，讲述了小云雀跟随妈妈飞出森林后，看到由于人们的乱砍滥伐，森林变沙漠，河水泛滥的情景，最后飞回森林，懂得了森林十分重要的道理。根据本阶段学生的年级特点，以及教材所处的位置，笔者将本课需要掌握的知识点设立如下。

1. 掌握生字、新词。小学阶段，生字、词语的学习是教学目标的重要组成部分，其中一二年级更是教学重点。在解读教材中，教师不应忽视学生对每课生字、新词等教学内容的掌握，如本课需要掌握的一类字有 9 个，二类字有 2 个，根据汉字音、形、义的难度分析，笔者认为生字中"滥""壤"字形书写是难点，教学中可以从汉字的字理出发，指导学生记住字形，正确书写；"冠"字是多音字，教学中可以根据词语的意思来指导学生选择正确读音。

2. 了解森林有哪些重要作用，懂得森林的重要性。本课虽讲述的是科普知识，作者却以童话的方式生动地讲述了森林具有保护土壤、蓄水、调节气温的作用，从而使学生了解保护森林的重要性。教学中可以结合故事的内容，了解这个知识点。

二、找准能力的训练点

1. 检索能力。课文最后两个自然段，说明了云雀的心愿，起到点题的作用，学生很容易找到。教学时可以在揭示课题后，让学生整体感知课文，找出云雀的心愿是什么。

2. 概括能力。这是一篇童话故事，童话故事往往都有反复的特点。如本课中三次写到"他们飞呀飞"，这三次的"飞呀飞"就是文章脉络的线索，教学中指导学生抓住线索，就能很快地概括出故事的主要内容。

3. 运用能力。第十自然段，妈妈对森林蓄水的本领进行有条理的讲述，按照总—分—总的构段方式把森林是个"大水库"说得十分清楚。教学中，教师可以抓住本段的表达方法，用上"可以……可以……"关联词，让学生说说森林的其他作用，在训练中学会表达。

4.鉴赏能力。本文语言生动，采用拟人化的手法，具有想象力。如"只见大河的水位很高，浑黄的河水像脱缰的野马，咆哮着向下游冲去"一句，作者运用了比喻的修辞手法，为我们展现了一幅河水凶猛、泛滥成灾的画面。教学中，教师可以采用换词的方法，让学生在辨析中培养鉴赏能力。

……

四、找对人格的培养点

本文以描写人物对话为主要形式，寓保护环境的科学道理于有趣的故事中，通过讲述人们破坏环境造成的巨大危害，激发人们保护环境的情感跃然纸上。有利于培养学生保护环境的社会责任感。具体做法如下。

1.从对话着手，体会情感。……课文中"小云雀埋怨说""妈妈心疼地说""妈妈叹了一口气"等提示语点明了小云雀、云雀妈妈说话时的心情，将因森林遭受破坏产生的厌恶、惋惜的情感表露无遗。教学中，教师可以抓住这些提示语言，体会云雀的心情，再通过分角色练习朗读，多媒体展示画面，想象补白等形式激发情感，让学生真正地与编者、文本进行对话。

2.从中心着手，升华情感。本文的中心意思在课文的最后两段。教师在教学完前面的内容后，可以引导学生从云雀的心愿谈到自己的环保心愿。开展语文实践活动：如写一写保护森林的倡议书；设计保护森林的广告语等。①

上述案例围绕语文核心素养培养的理念进行教材解读，并明确核心素养的培养重点是培养学生对知识的深度理解及掌握、提高学生的阅读能力，引领正确的价值观及进行人格培养。教师通过核心素养的框架和理念，深入挖掘教材的内涵和意义，识别教材中的关键概念，并通过解读教材促进学生核心素养的发展，帮助学生将素养转化为行动。

---

① 柳惠娇. 基于语文核心素养培养的教材解读［J］. 福建教育学院学报，2017（11）.

二、解读教材应注意的方向

核心素养的培养与教材紧密关联，解读教材是培养学生核心素养的关键环节之一，为充分解读教材的目标、内容和要求，需要关注以下四个方面。

1. 深入研读教材的课程目标和学科要求

教材中的课程目标和学科要求是教学的基本依据，教师应准确理解并把握这些要求。只有充分理解教材的目标和要求，教师才能在教学中确立明确的教学目标，便于实施核心素养的培养。

2. 注重教材的知识点与核心素养的融合

在解读教材时，教师应理解教材中的知识点所涉及的核心素养要求，以便能够在教学实施中将知识点与核心素养结合起来，使学生能够在学习知识的同时培养核心素养。

3. 丰富教学内容

教师要挖掘教材中的案例、文本和练习题等资源，通过挖掘这些资源，为学生提供更多的学习机会，引导他们深入思考和实践，培养他们的问题解决能力和创新思维，进一步提升核心素养的培养效果。

4. 关注学生素养的培养

在解读教材的过程中，教师还要关注学生素养的培养，也就是关注学生的情感、态度和价值观的培养。教师可以通过教材中的情感信息和价值观念引导学生形成正确的情感态度和积极的价值判断，培养他们的情感意识、道德品质和社会责任感。

三、解读教材的实践方法

解读教材的注意方向为我们提供了在教学中理解和应用教材的指导原则，而解读教材的实践方法则进一步提供了具体的教学策略和技巧，通过解读教材的结构、体系、思想、内涵，教师能够清楚地把握各个部分的逻辑关系，以便将教材内容转化为学生可以理解和应用的形式。

1. 揭示教材的隐匿之美，为教学注入更多内涵

教材中蕴含着丰富的知识，但由于篇幅的限制，这些知识只能以片段的形式展示出来。教师在解读教材时，应该深入研究教材的内容，揭示知识的生成过程。教师要善于捕捉教材中的主题图、对话和问题，通过细致的观察和思考，发掘隐藏在文字和图像中的有用信息，并将这些隐含的信息进行转化，以适合学生理解和掌握的方式呈现出来。通过引导学生发现和洞察，逐步达到学习目标，使学习充满活力和挑战。

以《搭石》一课为例的教材解读

（一）读深读透课文

……

《搭石》为刘章所写，作者通过"搭石"这一家乡常见的事物赞扬乡亲们之间的美好情感，表达了作者对家乡的热爱之情。"乡亲们美好的情感指什么？"这是个绕不开的话题，比如，课后第 2 题就是"说说课文给你留下印象最深的画面是什么，从哪些语句中可以体会到乡亲们美好的情感"。文中描写的主要画面有：第一自然段"摆搭石"，第二自然段"踏搭石"，第三自然段"走搭石"，第四自然段"让对方"和"背老人"。读懂这些画面，就能明白乡亲们美好的情感。"方便他人、友善他人"是这些美好情感的共同点。这正是作者真情赞美的纯朴善良的民风，令他难以忘怀，引以为豪。教师可以让学生在"不停读、不回读"的基础上边读边想象画面，通过快速阅读初步了解文章内容。

本文的写法也需要引起重视。一是作家没有提到具体的人，这意味着什么？意味着家乡人民都具有"方便他人、友善他人"的美好情感，而不是某个或某些典型人物所特有。二是文章前三个自然段的第一句话中都有"家乡"一词，说明作者是因家乡而自豪的，所描写的情景都切切实实发生在作者的家乡。三是文章的题目虽然是"搭石"，实际上文章写的是乡亲们，只是以"搭石"这一物描写人、赞美人。引导学生在阅读时圈出这些关键语句，在提高阅读速度的同时，可以更好地体会作者的情感。

……

（二）厘清本课任务

《搭石》是本单元的第一课，在导读部分是这样写的："用较快的速度默读课文，记下所用的时间。读的时候集中注意力，遇到不懂的词语不要停下来，不要回读。"这是本课必须完成的训练任务，概括地讲就是"不停读、不回读"。但需要注意的是，单元语文要素各阶段训练任务之间，并非相互割裂，而是相互交融、相互影响、相互促进的关系。《搭石》一课的教学，不能只是训练"不停读、不回读"，完成这个任务是在初读课文的时间段，而不是在深入理解课文的时间段。从本单元"交流平台"提示的内容来看，本课还承担着连词成句读、带着问题读、抓住关键词句边读边想等训练任务。若仅训练"不停读，不回读"，学生就无法很好地体会作者的写作意图、写作方法及文中包含的情感意蕴。

（三）确定教学重点

本课的教学重点有以下两个：一是能够运用"不停读、不回读"的方法快速默读课文；二是抓住印象深刻的画面体会乡亲们美好的情感，体会作者热爱家乡、赞美家乡的情感。在教学内容的选择上，重要的是以下两点：一是文本内容，即描写"摆搭石""踏搭石""走搭石""让对方""背老人"的语段；二是语文能力训练内容，即"用较快的速度默读课文"。[①]

案例中，课程承担的任务是指导学生"学习提高阅读速度的方法"，教师在指导学生学习如何提高阅读速度时，不仅能通过"不停读、不回读"的方法，随着教学的深入，运用"连词成句读""带着问题读""抓住关键词句读"等方式更好地体会作者的意图，还能通过"摆搭石""踏搭石""走搭石""让对方""背老人"这些印象深刻的画面让学生感受乡亲们美好的情感，体会作者对家乡的热爱及自豪。将快速阅读的训练任务与对文本内容的准确把握有机结合，有效促进了学生语文能力和素养的提升。

2. 揭示教材的结构之美，使教学更加有条不紊

教材中的知识点看似零散，但实际上它们之间有着紧密的逻辑关系，相互影

[①] 沙华中. 文本解读及教学设计要瞄准语文要素——以《搭石》一课为例［J］. 教学视界，2022（26）.

响、相互制约、相互促进。当教师进行教材解读时，需要全盘考虑，不仅要顾及前后关系，还要兼顾左右交错的因素。只有这样，教师的教学才能达到"结构化"和"系统化"的层面，从而构建起扎实的知识结构，将零散的知识点整合成立体的知识块。通过揭示教材中的结构点，教师能够有序地展开教学，帮助学生更好地理解和应用知识，实现知识的连贯和全面掌握。

实施结构化教学，教师要注重沟通数学知识之间的关联，促进数学知识前后勾连、纵横贯通，从而让学生"学一点""见一片""通一类""悟一体"。

一、知识结构化：促进学生深度学习

……

如在教学"分数的初步认识（一）"（苏教版三年级上册）前，教师应研读教材，把握学生的认知基础。在此之前，学生已经学习了"万以内数的认识""表内除法"。其中，"万以内数的认识"能启迪教师从"部分—整体"的视角来引导学生认知；"表内除法"能启迪教师引导学生应用"平均分"的方法来建构分数。通过这样的结构化知识，学生能认识到"分数"和"整数"是相同的，都是"数系"的一次扩充，并且是一种反向扩充（相对于整数而言）。为此，教学中，教师应当将分数的认知与整数紧密联系在一起，将整数单位与分数、分数单位紧密联系在一起，引导学生充分地动手操作，通过分一分、折一折、涂一涂等活动，体会分数来自平均分，同时与整数相关联，又是一种新创造的数。知识结构化，要求教师调动学生已有的知识经验，去抓住知识的核心、本质、关联，从而引导学生对数学知识进行深度理解，对知识框架进行深度建构。

二、认知结构化：促进学生思维发展

……

比如对于"整数加减法""小数加减法""分数加减法"这三部分内容，很多教师是在学生已经完全学习这三个部分内容之后，再引导学生进行比较。其实，教师在教学中应当有意识地渗透、融入"只有计数单位相同才能直接相加或相减"的理念。教学中，教师要凸显"计数单位"这一数学的核心概念，建构起"计数单位相同才能直接相加或相减"的大观念，从而让学生从更为深层的数理层面来认识"整数加减法""小数加减法""分数加减法"的法则。在认知结构化后，学生能在数学学习的心理上搭建开放性、包容性的认知图式，这样的认知图式同时也是学生后续学习的基础。而相较于知识结构化，认知结构化的益处更为内隐、持久、有生命力。

三、策略结构化：促进学生素养提升

……

比如教学"分数乘法应用题""分数除法应用题""稍复杂的分数应用题"（苏教版六年级上册）这三部分内容，笔者引导学生深入分析数量关系，对于其中较为复杂的内容则引导学生画图理解。通过策略结构化，学生对于分数应用题的理解，不再局限于其本质究竟是乘法还是除法，而是能将分数乘法应用题转化成分数除法应用题，或者反过来也是一样。在策略结构化的过程中，学生能够更为深刻地感悟到"找准具体数量对应的分率"方法中的"对应思想"的重要性。①

上述案例深度解读了教材的结构，一是揭示知识结构化，把握知识的关联性及内核，知识之间的相同点、相异点；二是揭示认知结构化，从学生的心理层面展开对数学的认知结构；三是揭示策略结构化，丰富学生的学习和认知策略，让学生的思维不再局限，能分析复杂的分数应用题。这种以结构化的视角解读教材可使知识结构与学生的认知结构融合起来，使学生真正读懂教材、读活教材。

3. 揭示教材中的思想精髓，让教学更加灵活多变

教材中所呈现的知识是明确的、可以感知和触摸的，但其中隐藏着丰富的思想、方法和文化。如何将这些不可见的思想可视化？在教学过程中，需要对教材进行深入解读，读出教材知识背后的思想、方法、文化和精神，才能展开深度的教学。知识是教学的明线，而思想方法、文化精神则是教学的隐线。为了使教材中的思想方法和文化精神显露出来，我们可以通过研读教材、发现内涵，以及运用适当的方法渗透教学，这是培养学生数学思维和方法的基本途径。

---

① 张杰慧. "结构化视角"下的小学数学教材解读［J］. 数学教学通讯，2022（4）.

以从排列组合的教材解读中渗透数学思想为例

一、渗透"转化变更"思想

例1. 空间有20个点，任取其中4个点，问最多可以构成几对异面直线？

解决这一问题，乍一看似乎抽象难想，阻力很大，无法入手，其实如果教师注意引导学生复习异面直线与四面体的有关概念后，不难发现：一个四面体确定了3对异面直线。这样问题就自然转化为20个点中任取4个点，最多构成几个不同的四面体，故最多共可构成 $3C_{20}^4$ 对异面直线。

这里的"异面直线"向"四面体"的转化在解题中起着决定性的作用。

有些数学问题的条件或结论比较隐蔽，难以抓住解决问题的要害，但我们可以通过变更问题、暴露问题的实质来找出解决问题的突破口。

例2. 设 S 是平面上的点 (X, Y)：(k, k_3) 的集合，其中-1，0，1，2，3。三点 A、B、C 是集合 S 的元素，求出 A、B、C 为顶点所组成的不同的三角形的个数。

分析：问题描述的条件不明朗，但由题意可知，集合 $S=\{ (-1, -1)$，$(0, 0)$，$(1, 1)$，$(2, 8)$，$(3, 27)\}$ 共含有五个元素，其中 $(-1, -1)$，$(0, 0)$，$(1, 1)$ 在同一直线上，于是问题可改成"在不同的五个点中，有三个点在一直线上，其他再无三点成一直线，问以每三个点为顶点构成不同的三角形，共可构成多少个三角形？"，这已是一个简明的组合问题，其解为 $C_5^3-1=9$。由此可知，渗透"转化变更"思想是十分必要的。

二、渗透"退中求进"思想

例3. 设 $n \geq 2$，$n \in \mathbb{N}$，n 个人排成一列，其中甲必须站在乙之前共有几种不同排法？对于这个问题，学生也许一下子被"n 个人"的抽象不定所困惑，使思维受阻，其实，先不妨引导学生"退一步"，研究当 $n=2$ 时，即只有甲、乙二人排列时的情形：①甲、乙；②乙、甲。显然甲在乙之前与甲在乙之后的个数相同。由此"进一步"则有：全排列时，n 个人共有 p_n^n 种排法，又因甲在乙之前与甲在乙之后个数相等，所以甲站在乙之前的排法共有 $\frac{1}{2}P_n^n$ 种。总之，先研究特殊简单情形进而再研究复杂抽象问题的方法就是渗透了"退中求进"思想。

三、渗透"数形结合"思想

例4.直线和圆相离，这条直线上有 6 个点，圆上有 4 个点，通过其中任意两点作直线，问最少可作几条直线？

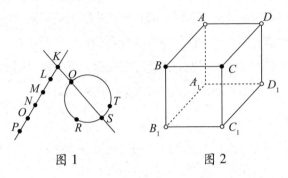

图1　　　　　　　　图2

如图 1，Q、R、S、T 四点共圆，四点中必无三点共线。

当过 Q、R、S、T 中任意两点的直线且正好分别过 K、L、M、N、O、P 中的某一点时，则直线条数最少。故共有 $C_6^1 C_4^1 + C_4^2 + 1 - 2C_4^2 = 19$ 条（例如，图 1 中 K、Q、S 三点原来过其中任意两点可作 $C_3^2 = 3$ 条，而现在减去了两条只剩下一条）。

又如图 2 中，以一个正方体的顶点为顶点的四面体共有多少个。从 8 个顶点中任取 4 个有 C_8^4 种取法，正方体有 6 个面和 6 个对角面，这些面的 4 个顶点不能构成四面体，所以要求四面体共有 $C_8^4 - 12 = 58$ 个。①

……

以上案例中排列组合在中学的数学教学中属于较难的部分，在教材解读过程和实践中，渗透了"转化变更"思想、"退中求进"思想、"数形结合"思想，帮助学生理解和掌握排列组合的本质和题型解题技巧，从根本上改善了教师难以教授、学生难以学习的困境，有效地提升了课堂教学效果，实现教学目标。

4.延伸教材的内涵，使教学更富深远意义

在解读教材时，教师不仅要把握教学的重点、难点和关键点，还要抓住教学的

---

① 付秋根．排列组合的教学与数学思想的渗透 [J]．井冈山医专学报，2008（1）.

研课磨课与教师专业成长

延伸点。通过细致揣摩和深入领悟，教师可以发掘教材中深层次的含义。延展性的教材解读应该立足于学生的实际需求，服务于教学的实际需要，体现学科的实质。在这个过程中，教师需要依靠"课标"精神，开阔课程视野，深入理解教材的内容，充分发挥教材的功能。只有这样，教材解读才能避免狭隘、片面和肤浅。

通过延伸教材的内涵，教师能够使教学更具深远意义，这种深度解读不仅能够丰富教学内容，还有助于培养学生的创新能力和批判性思维。同时，还能引导学生超越教材，拓展思维的边界，使教学具有更高的内涵和意义。

例如，解读教材第 10 册"解决问题的策略——转化"，教材例题是：$\frac{1}{2}+\frac{1}{4}+\frac{1}{8}+\frac{1}{16}$，"练一练"习题是：$\frac{1}{2}+\frac{1}{4}+\frac{1}{8}+\frac{1}{16}+\frac{1}{32}+\frac{1}{64}+\frac{1}{128}$。显然，习题是对例题的拓展和延伸。但这种具体化的延伸没有纸面上、字面上的那么简单，延伸是教材的一种暗示和提示。显然，教材的习题拓展不仅仅是在原有例题的基础上简单地增加两项，而且要求教师对"以形表数""以形解数""数形结合"有一个深刻的把握。如果教师在教学中仅仅是让学生画一个正方形表示单位"1"，然后依次平均分成两份。学生也只是依据直觉，甚至"依葫芦画瓢"，形成了"死的套路""死的模式"，即用"$1-\left(\frac{1}{2^n}\right)$"。

认真领会、揣摩、体会教材的深意，教师可以对教材进行"延展性"解读：（1）分数怎样在图上表示？（2）后一个分数与前一个分数之间有着怎样的关系？（3）从整体上看，"分数和"在图中怎样表示？（4）如果第一个分数是 $\frac{1}{3}$、$\frac{1}{4}$、$\frac{1}{5}$，……那么第二个、第三个、第四个分数分别是什么？可以怎样求和？（5）通过这样的数形结合的计算，你发现了什么？这样的解读不再囿于教材，而是充分拓展了教材的空间，赋予了教材应有的教学功能。[1]

对教材进行延展性解读，必须立足于学生的实际，服务于教学的"实需"，

① 宋云翔. 基于核心素养视角的数学教材解读 [J]. 江西教育，2018 (24).

体现学科的"实质"，让教学"延之有度""延之有据""延之有理"。依托"课标"精神，放眼"课程"视野，深度把握教材内容，充分发挥教材应有的功能。只有这样，教材解读才不会狭隘、片面、肤浅，而具有一定的课程深度。

案例中的教师根据学生实际对教材进行解读，在深入把握教材内容的基础上，对教材内容进行了适度的、合理的延伸，拓宽了课程的视野。

教师紧扣学生核心素养解读教材，是促进学生全面发展和素养培养的重要途径之一。通过深入解读教材，读出教材中的隐匿之美、结构之美以及思想精髓与内涵，并根据学生的个体差异和需求，进行有针对性的教学设计和辅导；关注学生的情感、态度和价值观，引导他们形成正确的情感态度和积极的价值判断。在教师的努力下，既体现出教材本身的意义和价值，又使学生的核心素养得到更好的培养，实现了素质教育的目标。

主题 2

依据主题，整合教材

在教师专业成长的道路上，研磨教材是一项至关重要的任务。通过对教材的深入思考和整合，教师可以有效地提升自己的素养培养意识。为此，教师要明确如何依据主题整合教材，以此为教师专业成长提供实用的指导。

一、依据主题整合教材的内涵

依据主题整合教材是指在教学过程中，根据特定的主题或目标，将教材内容与主题密切相关的知识、技能和素养有机地结合起来，形成一个有机整体。这种整合不仅是简单地将相关的教材内容放在一起，而且是通过深入理解主题的内涵和基本要求，将教材内容进行创新性的转化、重组和延伸，使学生能够深入理解主题，并能够将所学知识应用于实际生活中。

教师在整合教材时，可以尝试采用多种教学方法，如讲解、讨论、实验、小组合作学习等，以满足学生的不同学习需求。通过多元化的教学方法，教师可以激发学生的主动性和参与度，提高教学效果和教学质量。

一年级上册道德与法治共分4个单元，主题分别是"我爱我家""我爱学校""健康每一天""心中有规则"，从家庭、学校、自然、社会4个场域入手安排教学内容。本轮课改的理念是教育回归生活，即如何围绕"教育即生活"有效、巧妙地整合生活资源，活用教材。我们同组教师经过集思广益，最终达成一致——让体验活动唱响教育与生活整合的主旋律。

学习第一单元"我爱我家"时，在感知"自己是怎么来的""爸妈是如何爱自己的"和"自己的家有多么幸福"之后，开展一系列体验活动：反背书包下楼梯，感受母亲十月怀胎的艰辛；父亲节、母亲节、重阳节，对父母、老人大声说出我们的爱，亲自行动表感恩（献支歌、捶捶背、聊聊天、画张画、做张卡等）；父母知多少大比拼，看看谁最了解父母等。学习第二单元"健康每一天"时，我们充分利用家长进课堂的机会，聘请牙医给学生系统讲解有关牙齿的知识和保护常识，聘请五官科医生讲述爱护眼睛和耳朵的常识。将中华传统美德中的孝亲敬长、勤俭自强、厚仁贵和等伦理观念和良好的行为规范有机融入体验活动中，把课堂变成暖暖的乐园；在儿童的心田播种、萌芽，以"活动"催生"道德"，使儿童获得润物无声的道德情操的熏陶，为他们的一生奠基。①

案例中将课程的4个单元以"教育即生活"为主题进行整合，并通过体验活动提高学生的学习兴趣及参与度，深刻体会对家、对父母的爱，认识健康的重要性，培养学生的道德修养和法治意识。

二、依据主题整合教材的步骤

依据主题整合教材的内涵是指将教材内容有机地融入特定的主题之中，使得学生能够更加深入地理解和掌握所学知识，依据主题整合教材的步骤将有助于教师系统地进行教学设计和教材重组。

---

① 张爱琴. "主题整合"丰盈学生多彩童年［J］. 教育，2017（25）.

专题三 研磨教材，树立素养培养意识

1. 确定教材的主题

教师首先需要确定一个与教学内容相关的主题。主题的选择应根据学生的年级、学科和教学目标来确定。一个好的主题应该能够激发学生的兴趣和思考，并与实际生活紧密相关。比如下面这个案例，教师在分析了课程内容、领会了课标要求后，确定了课程主题。

"春秋战国的政治、社会及思想变动"单元课程内容规定：通过了解春秋战国时期的经济发展和政治变动，理解春秋战国时期变法运动的必然性；了解老子、孔子学说；通过孟子、荀子、庄子等了解"百家争鸣"的局面及其意义。该单元涉及的学习内容主要有：春秋战国的社会变化、变法运动、思想文化流派，后两个方面是社会变化的表现内容。这些史事均发生在动荡的春秋战国大变革时期，本课主题可以确定为"春秋战国时代的变革"。进而围绕主题，将学习内容分成 3 个部分：社会变化的表现、变法运动的兴起、思想文化流派的产生。[①]

2. 分析主题的内涵与基本要求

教师需要对所选主题进行深入分析，理解主题的内涵和基本要求。这包括研究与主题相关的知识和技能，并明确主题所要求培养的学生素养。

"辽宋夏金多民族政权并立与元朝的统一"单元的课程内容规定：通过了解两宋的政治与军事，认识这一时期在政治、经济、文化与社会等方面的新变化；通过了解辽夏金元诸政权的建立、发展和相关制度建设，认识北方少数民族政权在统一多民族封建国家发展中的重要作用。教材在该单元设置了 4 篇课文"两宋的政治和军事""辽夏金元的统治""辽宋夏金元的经济与社会""辽宋夏金元的文化"，分别叙述了该时期政治、军事、经济、文化等方面的历史。细读课文，不难看出教材表述与课标要求差距较大。以"通过了解两宋的政治与军事，认识这一时期在政治、经济、文化与社会等方面的新变化"为例，课标强调要借助于

---

① 陈志刚，王继平. 概念教学下教材内容的重整. 微信公众号：历史教师小院.

两宋时期的政治与军事制度、发展变化状况，去认识当时的政治、经济、军事、文化等社会变化。教材第 11 课"辽宋夏金元的经济与社会"，绕开两宋的重文抑武、守内虚外、不抑兼并、养兵等政策以及宋代每年要输送"岁币"给辽夏金、官员贪腐等史实，孤立叙述宋代的经济发展与社会变革，如果仅依据教材文本进行教学，不利于从本质上领会两宋时期政治、军事、经济、文化等之间的关系，难以全面领悟这一时期历史发展的本质。教师不能机械地根据课文进行教学，需要依据课标要求，或从该时期政治与军事、经济、文化三个角度，或从两宋历史发展、辽夏金元历史发展角度，重构本单元每一节课的教学内容。①

上述案例为单元主题教学，经过对主题与教材内容的分析，教师发现教材内容与课标要求差距较大，所以需要在主题的指引下，重新整合教材内容。

3. 分析教材的内容和知识点

一旦确定了教材的主题，教师就可以开始分析教材的内容和知识点。教师需要仔细阅读每个章节，并提取出与主题相关的核心知识点。同时，教师还需分析知识点之间的逻辑关系和联系，建立一个有机的教学框架。

《辛亥革命》一课，假如"感悟辛亥革命的意义"是教学主题，如何评价辛亥革命是重要的教学环节之一。如果教师确定"区分历史叙述中的史实与解释，知道对同一历史事物会有不同解释，并能对各种历史解释加以评析和价值判断"是培养目标，教师在内容选择与整合时，可以考虑：统编教材、实验版教材关于辛亥革命的评价是怎样的，这些不同评价叙述中，哪些表述是观点，哪些表述是解释，学术界还有哪些其他的评价认识，作者如何运用史论结合的方式进行解释论证，教材中的哪些史事内容与作者的论证证据有关，论证中缺乏哪些证据，为什么会缺乏这些证据，这些证据中有哪些在教材后面的课文有叙述，如何补充或利用这些证据，如何看待这些不同的观点解释，等等。根据核心素养能力培养目标进行思考，有助于教师在整合内容时紧扣目标，避免内容与目标之间出现

---

① 陈志刚，王继平. 概念教学下教材内容的重整. 微信公众号：历史教师小院.

偏离。①

案例中根据已经确定的教材主题，分解历史解释水平层次目标，并根据选定的培养目标进行教材内容和知识点的分析。

4. 教材的筛选与整合

根据主题的要求，教师需要对现有的教材进行筛选，并选择与主题相关的教材和资源。这些教材包括教科书、课外读物、网络资源、影视资料等。教师需要根据教学内容的不同，选取有代表性和权威性的教材，并将它们有机地整合起来，形成一个完整的教学材料。

小学道德与法治教材以学生生活为基础，从家庭、学校、社区，到本地、全国、全世界，认知领域不断延伸。因此，笔者努力找寻贯穿整套教材的整合点。例如社会主义核心价值观，就在小学思品教材中呈现有机整合，并在不同年段综合交叉、螺旋上升。以低年级的道德与法治教材为例：体现国家层面价值目标的有《可爱的家乡》《小鬼当家》《讲文明 懂礼貌》《爱护花草树木》……体现社会层面价值，取向自由、平等、公正、法治的有《我和伙伴一起玩》《游乐园里真开心》……体现个人层面价值，表达爱国、敬业、诚信、友善的有《我爱我的祖国》《我的学习我做主》……②

案例中教师根据核心素养的培养及主题的要求，从国家层面、社会层面、个人层面将道德与法治教材进行课程整合。

5. 整合相关资源

教师还需要寻找和整合与主题相关的资源，以丰富教学内容。这些资源包括课外阅读材料、视频、案例分析和实例等。教师可利用图书馆、互联网和教育平台等渠道寻找相关资源，并将其有机地融入教材内容中，以提高学生的学习兴趣

---

① 陈志刚，王继平. 概念教学下教材内容的重整. 微信公众号：历史教师小院.
② 张爱琴. "主题整合"丰盈学生多彩童年［J］. 教育，2017（25）.

和教学效果。

6. 设计教学活动和评估方式

教师需要设计与主题相关的教学活动和评估方式。教师可以根据教学目标和学生的学习特点，选择适合的教学方法，如讲解、探究式学习、小组合作等。同时，教师还需要确定评估机制，以检验学生对主题的理解和掌握程度。

三、依据主题整合教材的方法

依据主题整合教材的步骤和依据主题整合教材的方法是相互补充和紧密联系的，二者共同构建了一个系统而有序的教学过程，在依据主题整合教材的实施过程中，教师需要有清晰的操作指导方法，以确保教学效果的最大化。

1. 以单元为主题，重塑教材

通过开发主题单元教材教学资源，打破过去一课一教的做法。树立整体教学观，全方位地考虑，进行整体设计。努力寻找资源线索，并适当调整教材内容的顺序，以满足主题教学的需要。同时，积极探索内外联结点，扩展主题内容，构建一个有序的教学模式，即"整体导读—部分感悟—整体回顾"。通过这种方式，可激发学生的学习兴趣，并深入理解主题内涵，打造一个具有意义的主题教学环境。我们来看一个案例。

牛津高中英语模块六一单元"laughter is good for you"的单元导入课配有单口喜剧、笑话书、相声、马戏 4 幅图片及 3 个讨论问题。以传统教学方式处理这一部分，往往是教师"独唱"，而学生因为缺乏有关话题的文本及听力材料的信息输入，对话题并不了解，学习兴趣不浓厚，课堂上沉默寡言，单元导入 10 分钟就匆匆结束了。然而王老师的公开课另辟蹊径，让人耳目一新。她在教授本课时加上 grammar 板块中的文本和课后练习中的听力及阅读材料来充实课堂内容，并通过紧扣话题的笑话、图片和视频活跃课堂气氛，以听读促进学生说写学习策略的发展。这些学习环节散落在教材的各个部分，但都是基于单元主题 laughter 这条主线，重组、整合后的教学明显比按部就班的教学在衔接上更加紧密，更有逻辑性。

Step 1：Lead-in

T：Do you know some sayings related to laughter? For instance, "笑一笑，十年少"，How to express it in English?

Ss：Laughter makes people younger.

T：What other sayings about laughter can you think of?

……

T：What do these sayings tell us?

Ss：Laughter is good for us.

［分析］作为导入环节，教师鼓励学生在班级与同学分享中外与笑有关的谚语，再引导学生思考这些谚语的含义，这样就自然引入了单元话题，过程简洁而印象深刻。

Step 2：Discussion

让学生以小组形成讨论以下问题：What benefits can we get from a good laugh? 讨论结束后，在师生对话互动中，教师板书讨论总结的要点：

A good laugh can

＊＊ drive away our **negative** feelings and make us feel much better.

＊＊ keep us in a good **mood**.

＊＊ help us take a **positive** attitude towards our lives.

＊＊ help us enjoy life better and **live** longer.

（注：加粗斜体字是本单元的生词）

［分析］讨论环节锻炼了学生用英语思维表达的能力，让学生明白笑口常开对我们有哪些益处。同时在师生互动时，教师引导学生用本单元的生词来表达观点，扩充了学生的词汇量。

Step 3：Reading A (p. 9 Part A of grammar section)

引导学生思考是否有科学解释证明笑对人的身心有益，然后通过阅读并填写grammar 板块的 reading A，获取进一步的认识。

T：After reading Part A, can you find out any supporting scientific/medical explanations?

……

T: And what's the writer's suggestion?

……

[分析] 因为缺乏背景知识，学生如果想用英语清晰地表达笑对身体有益的科学解释，往往会力不从心，欲言又止，降低了学生的积极性。而通过阅读进行相关信息的输入后，师生互动时，就会发现大部分学生能自如地与教师交流观点。这样不仅充实了课堂课时内容，而且进一步强化笑口常开对身心的积极影响，引导学生树立乐观的生活态度。更重要的是，阅读促进学生语言表达能力的提高，调动和发挥学生的主体性，使他们真正成为学习的主体。

Step4: Brainstorming

T: What kinds of things often make people laugh?

S1: Jokes, funny pictures and circus *clowns*.

S2: Interesting books, funny films and *amusing* TV programmes.

T: What else can make people laugh?

S3: *Comedies*.

T: What's the traditional Chinese comedy?

S4: *Crosstalk*. It's performed by two person.

T: If the comedy is done by one comedian, what do we call it?

S5: *Stand-up*.

[分析] 通过头脑风暴这一环节的师生会话，呈现本单元的部分生词，并自然过渡到下一个环节。

Step 5: Fun time

分享由每组学生推荐的英文小笑话和趣图。因为采用了游戏竞赛策略，每组都经过精心挑选，学生在表演时再配上逗乐的面部表情和肢体语言，欢声笑语不断。接着欣赏了喜剧明星卓别林和憨豆先生的两段视频。

[分析] 用紧扣话题的笑话、图片和视频活跃课堂气氛，并为下一个环节自然铺垫。

Step 6: Listening (P. 103) Listen for information about Charlie Chaplin.

Step 7: Reading B (P. 102) Read for information about the British sense of humour.

[分析] 学生观看完视频之后，教师又实施了两个教学环节。首先，教师问道："How much do you know about Charlie Chaplin?" 问题一抛出，就有学生抢着回答："He is famous for his acting in silent films." 接着教师又提问："What else do you know about the famous American actor?" 这时，学生因缺少相关的背景知识而无法回答，教师便引导学生去听练习册第 103 页的听力材料，获取更多有关卓别林的信息。学生两人一组，合作学习，一边听一边记下关键词。听完之后，由学生来总结叙述。在这种自主学习的过程中，学生的主动性不断提高。第二教学环节是通过之前憨豆先生的趣味表演引入练习册第 102 页的"英式幽默"这一阅读文本。通过阅读，学生对英式幽默有了更多的认识，积累了跨文化的知识，从而达到以听读促进学生说写学习策略的实施目的。①

在上述案例中，执教者在以单元主题为引领，对教材进行重组和整合的基础上，创新教学方式。教师经过探索后精心设计学习活动，使课堂教学转变为师生之间的互动和合作。于是在整个教学活动中，学生围绕单元话题，全方位地锻炼了听、说、读、写 4 个语言技能，并积累了跨文化知识，开阔了视野。这样的学习过程为接下来的学习奠定了良好的基础。

当然，对教材进行重组和整合是一项具有挑战性的任务，在备课过程中，不妨遵循以下原则：以单元主题为引领，以学生为核心，以教材为支撑，以活动为重心。这样的方式可以更好地激发学生的学习主动性和提高其参与度。

2. 整合教学资源，重塑教材

教材中涵盖了学习聚焦、史书资料、学思之窗、问题探究、学习拓展和图片史料等多种教学资源，这些资源不仅丰富，而且创新地呈现了学科的多元视角。面对如此丰富的资源，我们需要精心筛选、整合和运用能够突出教学重点和突破难点的教学资源。在教学过程中，我们将根据所确定的主题及学习目标和学生需求，精心挑选最具教学效果的资源，并巧妙地融入教学中。

① 喻洁. 以单元主题为引领重组教材，整合教学 [J]. 校园英语，2020（19）.

研课磨课与教师专业成长

在有限的教学时间里，教师对众多的教学资源必须取舍，精选、整合和运用有利于突出教学重点和突破难点的部分教学资源。中外历史纲要上册第三单元的教学资源大体分为4类。

第一类时空观念的形势图。教师可以在课堂上充分运用这类时空观念的形势图，且教会学生如何观察政权及疆域形势图，即确立一个中心（一般为都城）为观察核心点，整体观察其南北东西的疆界以及疆域内的不同政权、行政区划、地方管理机构和重大工程等，同时注意地图标识的说明性文字。

第二类政治制度的示意图。政治权力分配和运行是历史学习中的一大难点，使用教材中这些政治制度的示意图，可以令知识结构化、形象化。同时，设置问题：观察两幅示意图并结合所学知识，分别分析北宋中央权力和地方权力分配的特点。学生针对北宋中央权力的分配展开讨论，再结合所学知识，最终明确了北宋中央和地方权力分配中还有重文轻武、守内虚外的特点。北宋政权的特点虽然有利于预防内部动乱，巩固了政权统治，强化了中央集权，同时因分权设置了更多的官吏，科举考试也增加了官员人数，北宋的财政负担加重。权力分割太细，也影响行政效率。重文轻武和守内虚外也使得北宋在面对骁勇善战的少数民族时显得弱小。

第三类图片史料。这些图片提供了丰富的史料画面，课堂教学中可以适当选取作为史料加以运用。例如，以某北宋时期的图片史料，推测北宋社会经济发展的具体表现和宋代城市居民生活的新气象，这幅图还一定程度上反映了男女地位的平等和社会观念的开放，夫妻侧身观看乐舞表演反映出宋代物质文明和精神文明的高度发达。

第四类文字史料。例如辽宋夏金元的政治中，围绕制度创新这一教学主题，选取教材中的四则史料，分别为第50页"史料阅读"苏洵《嘉祐集》卷1《审势》和范祖禹《范太史集》卷22《转对条上四事状》，第54页"学思之窗"《辽史·百官志一》和余靖《武溪集》卷18《契丹官仪》。①

---

① 曹红梅. 围绕主题 整合教材——以《辽宋夏金多民族政权的并立与元朝的统一》单元为例［J］. 中学历史教学，2020（9）.

案例中展示了对《中外历史纲要》其中一单元课程的整合，其中包括整合时空观念的形势图、政治制度的示意图、图片史料及文字史料几类教学资源。通过精选和整合教学资源，可以为学生提供更加有针对性和有效性的学习内容，从而激发其学习兴趣和积极性。同时，这样的教学方式也能最大化地利用教学时间，确保教学的高效性。精心规划和整合教学资源，为学生提供优质的教育，努力打造一个充满活力和积极互动的学习环境。

3. 通过对比学习，重塑教材

为了更好地实现每一堂课的教学价值，我们可以通过对比的方式，对同一题材或同一主题的教材进行探究。通过对比分析，可以揭示语言和文字应用的奥秘，帮助学生更加深入地理解和掌握其中的意义和表达技巧。这样的对比不仅能够激发学生的学习兴趣，还能够提升他们的语言表达能力和批判性思维能力。

六年级上册第一组课文主题是走进大自然，要求体会作者运用联想和想象的手法表达自己独特的感受的表达方法，共有4篇课文。

上完第一篇课文《山中访友》后，学生对这种表达方法已有初步的了解，文中作者把山中的一切自然景物当成自己的知己，用了比喻、拟人、联想等手法把自己对大自然的热爱之情表达得淋漓尽致。课堂上，我引导学生回忆原来接触过的写景课文，与《桂林山水》《鸟的天堂》等进行对比，学生发现课文的表达方法特别新奇，课文内容生动有趣，特别是读到"我把自己想象成一棵树"的那段，物我相融，这种写法很快就被学生接受并在小练笔中运用了。

学生对这种表达方法已有初步的了解，接下来我没有按部就班地教第二课《山雨》，而是把课题全部写在黑板上，让学生一一朗读，找出与第一课的题目相类似的那一篇。通过仔细辨别，学生锁定了第三课《草虫的村落》。题目把小甲虫居住的草丛说成是只有人类才有的村落，很明显使用了拟人的写法，流露出作者对小甲虫的喜爱之情。那么，这篇课文的表达方法和第一篇一样吗？强烈的探究欲望让学生自然而然地跟着作者走进草虫的村落去一瞧究竟。通过对比，学生很快发现，这一课作者是以小甲虫的视角来看世界，那是一个类似人类社会的世界。多么有趣呀，只有热爱大自然的人才会有如此新奇的视角和如此独特的感受。

学完这两篇课文，学生对本组课文的表达方法非常熟悉了，再辅之以小练笔"蚂蚁的部落""校园访友"等，就能运用自如了。一个单元的学习轻松而有趣，学习的过程不是接受，而是探险，学生的主体意识得到了激发。这得益于文本的整体开发和运用。①

上述案例中，教师运用教材对比的方式引发学生思考和比较，激发学生的思考，促使学生更深入地理解教材内容，提升学习兴趣和学习效果。

通过依据主题整合教材，我们能够为教学活动赋予更深刻的内涵和意义。在整合教材的步骤中，我们深入挖掘单元主题，重塑教材的内容和形式，使之更贴近学生的实际需求和学习兴趣。同时，通过整合教学资源，我们能够为学生提供多样化和丰富的学习资源，拓宽他们的知识视野和思维，通过这些步骤的实施，教师可以提高教材的针对性和连贯性，使课堂教学成为教师和学生共同探索、共同成长的过程。

主题 3

紧扣素养，设定目标

教育的目标在于培养具备核心素养的学生，而教师则担负着重要的责任，为了在教育实践中实现素养的培养，教师应当紧扣素养设定明确的目标来引导自己的行动，需要确定并设立适合学生核心素养培养的教学目标。

一、核心素养的培养和设立教学目标的关系

核心素养的培养与设立教学目标是相辅相成的，教师需要在设定教学目标时充分考虑核心素养的要求，以确保教学活动和评估方法能够有效地促进学生核心

---

① 章晓云. 例谈小学语文主题单元教材资源的有效整合与开发策略 [J]. 新课程，2016 (7).

素养的发展，通过综合考虑学科知识和核心素养的培养目标，教师能够引导学生全面发展，并为他们的未来发展打下坚实的基础。

1. 核心素养是对教学目标的进一步完善

教学目标的发展经历了不同阶段，最初注重的是基础知识和基本技能的"两基目标"，侧重于对学生外在能力的培养。随后出现了"三维目标"，在知识和技能的基础上增加了对价值观的关注，包括思维能力、情感态度和价值观等方面。而现在的学科核心素养目标进一步完善和更新，与具体学科的教育价值紧密相连。学科核心素养目标不仅关注学生知识技能的提高，还强调学生品格和核心能力的培养。引入学科核心素养的概念使得教学目标得到了更加全面、综合和深入的发展。从这个发展过程来看，学科核心素养是教学目标的最新成果。

2. 教学目标是核心素养培养的最终体现

课程目标的达成离不开教学目标的实现。学科核心素养作为课程目标的具体体现，凝练了课程的育人价值。然而，要实现学科核心素养需要教师在日常的教学实践中不断培养学生。教学目标则是教师在具体教学活动中设定的目标，通过明确的教学目标，教师可以将课程目标具体化为可操作的分目标。因此，教师教学目标的设置是实现课程目标的关键。只有有效设置教学目标，才能最终实现学科核心素养和课程的目标。因此，教学目标的达成对于课程目标的实现至关重要。

二、紧扣素养设定目标的路径

教师通过明确教学目标并紧密结合核心素养的培养要求，能够朝着培养学生全面素养的方向发展。而紧扣素养设定目标的路径则为教师提供了具体的指导方法，以确保教学目标与核心素养的培养相一致并能够有效实现。

1. 将核心素养聚焦于学科素养

核心素养与学科素养密切相关，学科素养的培养过程也是核心素养的生成过程。在探索核心素养目标化的道路上，必须考虑核心素养与学科素养之间的转化关系。核心素养是一个综合概念，涵盖合作与沟通、信息素养、情感与价值观、文化意识、全球视野、社会责任等多个方面，包括技能和情感等多个维度。由于核心素养的整合性，直接将教育目的与具体的教学目标结合是不容易的。因此，首先需要将基于核心素养的教育目的聚焦于课程目标，并将其具体化为特定学科内涵的学科素养，融入数学、人文、艺术、物理等不同学科的学习过程中。

核心素养强调的是学生应具备的、能够适应终身发展与社会发展的必备品格与关键能力；具体到语文学科中，核心素养又包括以下4个方面：语言建构与运用、思维发展与提升、审美鉴赏与创造、文化传承与理解。具体到某一篇课文的教学当中，就需要进一步细化教学目标，保证其与具体课文相匹配，这一过程实际上就是教学目标的设计过程。

文学类文本和实用类文本是高中语文教材的两个重要组成部分。一般认为，文学类文本是指构成文学这种语言艺术品的具体语言系统，是传达人生体验的特定语言系统，包括诗、小说、散文和剧本等形态。相应地，实用类文本则是指有针对性的应用类文章，如传记、新闻、报告、科普文章等。对文学类文本的教学，笔者认为需要搞清楚两个基本问题：一是高中语文教学目标的核心素养指向什么；二是基于核心素养培育的语文教学目标的功能是什么。

要解决第一个问题，必须将高中语文教学的目标指向核心素养，才能在语文教师的教学理念中树立明确的目标。认同了第一个问题的解释，那第二个问题就很好回答了：基于核心素养培育的语文教学目标的功能，正是在于其对语文教学行为的引领。

例如，高中语文教材必修一中有《烛之武退秦师》一文，这显然是一篇文学类文本。对于这一课教学目标的设计，不妨来看一些传统案例的阐述：①了解《左传》的有关知识，积累文言知识；②学习查找资料和分析讨论的方法；③了解文中"说辞"的魅力，增强学生学习文言文的兴趣；④了解作者运用个性化的语言和行动描写刻画人物的写法。从核心素养培育的视角来看，这样的教学目标设计其实针对性并不强，如果把其中的《左传》去掉，可以发现它几乎适用于所有文言文的教学。这种过于笼统的教学目标设计，笔者认为是需要修正的，而修正的依据正是上面所提及的针对两个问题的回答。①

---

① 娄冬梅. 基于学科核心素养的高中语文教学目标设计——以高中课本文学类文本为例 [J]. 语文教学通讯，2021（8）.

专题三　研磨教材，树立素养培养意识

从上述案例可以看出，基于核心素养的语文学科素养可以聚焦为语言运用、思维发展、审美创造、文化传承 4 个方面，并将对语文教学行为的引领作为核心素养对语文学科素养的要求。这种方式强调学科与现实世界的联系，使学生能够将所学知识应用于解决实际问题，帮助学生在具体学科领域中打下扎实的基础和提升综合能力。

2. 将学科素养转化为教学目标

学科素养是特定学科领域中学生应具备的能力与水平，教学目标则是描述学生经过学习后所应达到的预期目标。教学目标能够具体明确学科学习的内容、方法与过程，以及培养学生的情感、态度与价值观等方面的能力水平。将学科素养转化为教学目标，能够使教学更有针对性，确保学生在特定学科领域获得必要的知识与技能，并培养其相应的情感态度与价值观。同时，教学目标也是学习过程的指导，能够为每个教学环节提供方向和目标。因此，将学科素养融入教学目标，可以使教师在教学过程中更加注重培养学生的核心素养。

学习能力是英语学科素养的发展条件。英语学科素养中的学习能力并非简单指向个体能够掌握科学合理的学习英语策略或方法，它也涵盖了个体学习英语的积极态度，即个体能够在英语学习过程中，产生对英语学科和英语学习的兴趣与热情，自身能够形成良好的英语学习习惯。在将"学习能力"嵌入目标的过程中，教师应在教学过程中注重培养学生良好的英语学习习惯，激发学生学习英语的浓厚兴趣。以核心素养为导向的教育理念倡导学生具有自主学习的能力与终身学习的意识，在教师的教学过程中就体现为引导学生善于学习、乐于学习。在英语学科中，善于学习的基础是掌握英语基本的发音规则、把握英语词汇。因此，教师在设计目标时，应注重学生对英语开音节、闭音节与连续音节的学习，并在学生学习英语的过程中，有意识地让学生从词根、词缀等方面对单词进行记忆、理解，使学生能够掌握英语学习的基本规则与方法，发展其自主学习英语的能力；在设计目标时，关注学生的认知策略、元认知策略、资源管理策略。学生发展科学的英语学习策略指向个体能够合理地从记忆中提取英语知识信息，对自身英语学习能力有正确的认知，对自己学习英语的时间、环境与资源能够进行合理管理与协调。①

上述关于核心素养下的教学目标的研究，将英语学科素养中的学习能力转化为教学目标作为培养学生的兴趣习惯和学习策略。这样的教学目标的确定，一方面明确了学生在学科学习中需要达到的核心能力和知识水平，为教学提供了明确的方向和依据；另一方面使教学更加有针对性和有效性，可以帮助教师设计和组织教学活动，从而达到培养学科素养的目标。

3. 将教学目标具化为单元目标

单元目标是在教学中对教学目标进一步具体化的结果。它从教学要求出发，明确了单元学习的方向和重点内容。通过设定单元目标，我们能够将素养目标转化为实际的学习目标，确保学生在完成单元学习后能够达到相应的素养水平。单元目标是实现素养目标的重要环节，将素养导向的教学目标具体化为单元目标，能够明确单元学习对学生素养发展的意义和价值，并引导单元学习的方向。因此，在实现核心素养目标化的过程中，我们不仅要考虑核心素养和学科素养对教学目标设计的引导作用，还需要在设计单元目标时将核心素养理念融入其中，确保核心素养贯穿于目标设定和教学实施的始终。

一、正确认识体育课程的教育价值
……

例如，教学"每天坚持一小时体育锻炼"一单元，教师在设定课程目标时，就可以将引导学生正确认识体育课程对身心发展的价值作为焦点。首先，在课程开始之前，教师可以先设计一张关于"体育课程对身心发展的价值"的调查表，发给学生，让学生根据个人认知自由选出自己心中的"体育课程价值"。然后，教师再根据学生的选择情况，把学生分成不同的小组，如把选择"体育课程能帮助人排解不良情绪"的学生分在一组，并要求学生以小组为单位去收集信息，来验证本组所选择的"体育课程对身心发展的价值"方向。如某小组选择的是

① 王素云. 基于核心素养的教学目标设计研究［J］. 教育导刊，2023（2）.

"体育课程能够提高人体机能"，该小组成员便查阅此方面的医学期刊，其中有文章详细介绍了体育锻炼对人的中枢神经系统的影响，对人的反应速度的锻炼，对人在外部环境的适应方面的作用，以及对人的心肺功能、肺活量、血液循环、新陈代谢等都有着积极的影响，由此可以证明，"体育课程具有提高人体机能的价值"。最后，教师再让每个小组把本组收集到的关于体育课程价值的验证信息进行展示，自己则在此基础上予以点评、补充和总结。相比于书本上的简单讲述，学生对这种经过自主探究得出结论的做法印象更深刻，对体育课程价值的认知也更全面深入。

二、重视体育健康知识和技能的传授

……

例如，教学"田径运动项目"一单元，教师在设定课程目标时，可以将增强学生体能、促使学生掌握田径项目的相关体育健康知识和运动技能作为基本目标。在实际教学中，教师可以将这个目标拆分成以下两个具体教学目标：第一，引导学生认识跑步、跳跃、投掷对提高身体机能、提升人体健康水平的作用，促使学生掌握相关体育健康知识，并帮助学生树立正确的体育锻炼意识。第二，引导学生通过训练，熟练地掌握跑步、跳跃、投掷等基本技术动作，知道运用什么方法开展锻炼，确保学生在此方面的运动能力得到发展。在目标设定好后，教师可以先在教室内为学生讲解相应的理论知识，并通过 Flash 动画的形式为学生展示相应的运动技巧。在学生学完理论知识和技巧后，教师再带领他们到操场上进行实际训练。在学生进行实际训练时，教师要引导学生认真对比自己的动作与 Flash 动画中的演示动作之间的差距，以此促使学生规范动作，掌握运动方法，有效实现增强学生体能的基础目标。①

体育教学目标包括体育技能和运动能力的培养、体育文化的认知、体育健康的理解和实践、体育价值观的培养等方面。案例中，教师基于"将教学目标具化为单元目标"这一出发点，围绕体育学科的特点，将单元目标划分为体育课程价值的认知和增强学生体能目标，继而相当具体地阐述了如何将教学目标化为具体

---

① 吴向杭. 核心素养背景下体育课程教学目标重塑刍论［J］. 成才之路，2022（4）.

的单元目标，即在明确学科教学价值的前提下，从学生的实际入手，让目标在学生的实际活动中落地。可以说，这种目标的具体化方式可以帮助教师更加明确地规划和组织每个学习单元的教学内容和活动，为学生提供了清晰的学习方向和目标，帮助他们理解学习的重点和重要性。

在紧扣素养解读教材这个主题中，我们深入研究了课程教材中的素养要求，并通过分析具体案例，展示了如何通过素养深入解读教材，依据主题整合教材的方式帮助教师将教材与实际教学场景相结合，教师可以通过深入挖掘教材中与主题相关的内容，将知识联系起来，形成知识的系统性和整体性认识，最后在紧扣素养设定目标的主题中，我们分析了核心素养和教学目标之间的关系，并探索了在实践过程中所运用的"核心素养—学科素养—教学目标—单元目标"的教学方式。

在专业成长的道路上，教师需要不断地追求进步、持续学习，并时刻保持对教育事业的热爱和责任感。通过不断研磨教材、树立素养培养意识，不断提升自己的专业素养，成为素养培养的引领者，为教育事业的繁荣和学生的成长贡献力量。

专题四
研磨教学设计，建立宏观概念

　　在教师专业成长的道路上，研磨教学设计并建立宏观概念无疑是一项重要的任务。研磨教学设计是一个精细的过程，它需要我们对教育内容的彻底理解和掌握，并能够将其转化为有效的教学策略和方法。宏观概念则是我们结合教育目标和学科知识体系形成的抽象思维框架，它能够帮助我们更好地组织和呈现知识，使学生能够更好地理解和应用所学内容。

主题 1

依据目标确定教学策略

依据目标确定教学策略是教学设计中至关重要的一环，依据目标才能明确教学策略，帮助教师提升教学设计和实施的能力，有效地引导学生的学习，促进学生全面发展和核心素养的培养，提高教学效果。

一、教学策略及其种类

教学策略是指教师在教学过程中选择和应用的一系列方法和技巧，旨在达到教学目标并促进学生的学习和发展，它是教师在设计和实施教学活动时所采取的具体措施，以帮助学生更好地理解和掌握知识，培养学生的能力和素质。

1. 直接教学策略

直接教学策略包括课堂导入、讲授、演示、讲解等，以教师为中心，传授知识和技能，引导学生接受信息，并通过教师的引导进行学习。

2. 互动教学策略

互动教学策略包括讨论、问答、小组合作、角色扮演等，旨在鼓励学生开展互动和合作，促进学生的思考、表达和交流，激发学生的学习热情和主动性。

3. 体验教学策略

体验教学策略是一种基于学生亲身体验和参与的教学方法，旨在通过实际操作和互动的方式激发学生的学习兴趣，包括角色扮演、实验项目、游戏活动、情景模拟等。

4. 挑战教学策略

挑战教学策略是一种鼓励学生面对困难和挑战的教学方法，旨在激发学生的思考力和学习动力，包括提供挑战性的任务、驱动学习等。

5. 课内外延伸教学策略

课内外延伸教学策略是指在学科课堂教学以外，通过与课堂内容相关的活动和资源结合，为学生提供更广阔和深入的学习机会，拓展学习的深度和广度，包括内容延伸、资源延伸等。

名著引路，兴趣导入

听说大家都爱读书，谁是小书迷？今天老师想考考大家，怕不怕？

1. 出示《海底两万里》中的文字

船是很长的圆筒形，两端呈圆锥状。很明显，它像一支雪茄烟。这个圆筒的长度，从头到尾，正好是七十米，它最宽的地方是八米。船的构造跟普通远航大汽船是完全不一样的，它的宽是长的十分之一，从头至尾是足够的长，两腰包底又相当圆，因此船行驶时水很容易排走，丝毫不会阻碍它的潜行。

2. 交流

①知道这些文字描写的是什么吗？（"鹦鹉螺号"潜水艇）造潜水艇这样的想法在当时只能造出水面船只的时代来说是超前的甚至是不可思议的，可是几十年后造出潜水艇早已成为现实。

②知道写下这些文字的人是谁吗？《海底两万里》这本书的作者是被誉为"科幻小说之父"的儒勒·凡尔纳。（PPT 出示）凡尔纳在书中描绘的许多想象已成为现实。难怪法国人曾经自豪地说："现代科技只不过是将凡尔纳的预言付诸实际的过程！"（PPT 出示）凡尔纳用想象征服了全世界的读者，今天我们班的同学也来做做"小凡尔纳"好不好？[①]

上述案例为五年级"说写结合"课，课程目标为引导学生从自身的生活需要出发，展开丰富的想象。教师选择用名著导入课程，通过多媒体展示及提问的教学策略与学生互动，激发学生的学习兴趣。

---

① 吴勇. 想象类习作教学策略（2）：教学案例. 微信公众号：中小学写作教学.

上述教学策略并非独立存在，在选择教学策略时，教师需要考虑学生的特点、学习环境和学科特性等因素，并灵活运用各种策略以提供多样化的学习体验。

二、教学目标及其特点

教学目标是教育教学活动的目的和导向，它明确了教师希望学生在学习过程中掌握的特定能力、知识和技能水平。教学目标具有以下三个特点。

1. 明确性和可衡量性

明确性，是指教学目标应该明确、具体、清晰，能够清楚地描述学习的预期结果，使教师和学生都能理解和接受。可衡量性，是指教学目标应该具备可衡量的特性，即能够通过具体的评估和测量手段来评判学生是否已经达到目标。

2. 可操作性和连贯性

可操作性，是指教学目标应该是可操作的，能够指导教师在教学过程中采取具体的行动来实现目标，能够指导教师制订教学计划和选择教学策略。连贯性，是指教学目标应该与课程内容和学科标准相一致，能够与学生的学习需求和发展水平相匹配，教学目标之间应该有一定的层次和关联性，形成一个有机的学习体系。

3. 可挑战性和学生导向性

可挑战性，是指教学目标应该有一定的挑战性，能够激发学生的学习动力和积极性，促使他们追求更高的学习成就。学生导向性，是指教学目标应该以学生为中心，关注学生的学习需求和发展，以促进他们全面成长，提升发展的能力和素质。

本课是高一英语模块4的内容，假设教学对象的英语基础较好，听说能力较强，有旺盛的求知欲、较高的学习自觉性，并具备一定的自学能力，课前能较好地完成老师布置的预习任务，对课文的主题内容已有了解，可以预设如下教学目标。

经过本节课的学习，学生能够掌握以下学习内容：

（1）理解英国文化中关于"食物、小费、住所、幽默"等习俗；掌握avoid、expect、risk、refuse、consider、advise、afford、enjoy、need、suggest等动词后接动名词或不定式的用法。

（2）能浏览并获取文章的大意，通过查读获取"食物、小费、住所、幽默"等习俗信息，并根据获取的英国文化相关信息开展模拟交际活动，向朋友介绍到英国游览时要注意的文化习俗问题。

（3）能比较中英两国文化差异，向英国朋友介绍到北京旅游时要注意的文化问题。

（4）在学习过程中，能理解中英两国不同的文化习俗，对文化形成良好的情感，提升跨文化交际意识。①

上述案例中，第一项为知识目标，第二项和第三项为技能目标，第四项为文化情感目标。知识目标旨在重点掌握本课的词汇和语法内容，以实现技能目标，技能目标通过两项任务来训练学生的语言技能，在知识和技能的提升过程中培养学生对不同国家文化的情感。各目标均明确可衡量，它们之间具有一定的连贯性且具有挑战性，可激发学生的积极性。

教学目标是教学活动的核心，对于教师来说具有指导作用，能够引导教师合理安排教学内容、选择教学策略和设计评估方式。同时，教学目标也对学生具有引导作用，能够激发他们的学习动机、提高学习效果，并帮助他们更好地了解学习目的和方向。

三、基于目标选择教学策略的实践

教学目标是教学活动的方向和目的，明确了学生需要达到的知识、技能和能力水平。教学策略则是为了实现这些目标而采取的具体方式和方法，教师需要综合考虑教学目标的特点和学生的实际情况从而选择适合的教学策略。

---

① 杨华娟. 高中英语教学目标设计案例及问题分析. 微信公众号：三明市黄胜华名师工作室.

1. 依据教学目标，选择恰当的教学资源

在进行有效的教学过程中，选择合适的教学资源是至关重要的一环。教学资源的选择应该紧密围绕教学目标，以支持学生的学习和取得预期的学习成果。通过合理的资源选择，教师可以提供丰富多样的学习体验，激发学生的兴趣，促进学生积级参与。

四年级数学上册有"摸球游戏"一课，这节课的教学目标之一是总结出有的摸球结果是必然现象，有的摸球结果是随机现象。

教材呈现的内容是直接给出几个标明装球情况的盒子，让学生任意摸出一个球，说说可能摸到什么颜色的球。这种呈现方式，可以说学生对结果一目了然，因此兴趣并不浓厚。为了更好地激发学生的学习兴趣，结合教学目标，我将内容进行了调整：先拿出3个盒子（3个盒子里装球的情况如下：盒1，2黄；盒2，2白；盒3，1白1黄），找3个学生来进行摸球比赛，看谁摸到的黄球多。几次之后，学生们产生了疑问，即盒子里黄球的数量是否相同，由此展开新课的学习。

调整之后的设计，不仅在一开课就激发了学生的兴趣，而且在探究中让学生感受到事件的必然性与随机性，直接指向目标。课堂教学内容的选择不同、呈现方式不同，学生学习的兴趣和动力会有很大的不同。[①]

案例中，教师根据教学目标调整了教材内容，设计准备了教学工具，用比赛的方式组织教学，不但能激发学生的求知欲和好奇心，让他们体会学习的乐趣，而且能增强学生学习的自信心。

2. 依据教学目标，选择教学内容

教学内容的选择应该紧密围绕教学目标，确保内容与目标一致，以便学生能够在课堂上清晰地理解和掌握知识。同时，教师应当了解教科书中每个章节背后所承载的教学目标，以确保所选的教学内容与目标相对应，从而保证学习内容的

[①] 范东日. 浅谈小学数学高年级基于目标的有效教学实施策略 [J]. 才智，2019（20）.

有效性。如果教科书中的内容与教学目标不一致，教师应根据教学目标对相关内容进行调整或补充。

《草原》是一篇游记，融写景与记事于一体。文章语言优美，生动形象，结构清晰，是一篇文质兼美的经典美文。

2022 年版新课标第二学段阅读教学目标与内容中指出："能初步把握文章的主要内容，体会文章表达的思想感情。"第三学段相应的目标与内容中指出："在阅读中了解文章的表达顺序，体会作者的思想感情，初步领悟文章的基本表达方法。"可以看出，第二学段侧重于内容本身的把握和概括能力的训练，第三学段直接指向了"表达"——了解表达顺序，领悟表达方法。

……

在体会语言表达上，四年级重在积累和根据学生的需要有选择地品读体会，五年级要旗帜鲜明地在品味重点词句的基础上体会表达的几个具体特点。原人教版五年级下册教材课后思考题第二题就提出了非常鲜明的学习要求："读下面的句子，体会在表达上的特点，再从课文中找出其他写得美的句子读一读，体会体会，再抄下来。"这一思考题并非仅仅要求学生通过品读具体的句子来体会文章的思想感情，而是要在体会文章思想感情的同时，在用心品味的基础上内化具体的表达方法，鼓励学生学习运用。[1]

上述案例中，第三学段教学目标是在第二学段教学目标基础上的提升和发展，根据两个学段教学目标的不同，教师在教授的过程中所选择的教学内容也有所不同，各有侧重。

3. 依据教学目标，选择教学策略

为了高效地实施课堂教学，教师根据教学目标选择合适的教学策略至关重要。教学实施策略的选择应与教学目标紧密匹配，以确保学生能够积极参与学习并取得预期的学习成果。教师选择运用恰当的教学方法，可以激发学生的学习兴

---

[1] 依据学段目标选择适切的教学内容和方法. http://www. 360doc. com/content/20/ 0608/18/70381856_ 917235506. shtml.

趣，提升他们的学习动力，并帮助他们更好地理解和应用所学知识。

（1）选择丰富的教学方法

必须明确的是，同样的教学方法并不能适用于每一个学生，因此教师需要掌握多种丰富的教学方法来满足不同学生的需求。通过采用多样化的教学方法，教师可以创造出更富有活力、有趣且富有挑战性的学习环境，充分发掘学生的潜能。

方法1：注重课堂导入，激发学生兴趣。

为了唤起学生对新课的期待，导入方式需要有所变化。导入是课堂的开端，对于第一节课来说尤为重要。教师应根据学生的情况、课堂类型等多个因素，选择适宜的导入方式，以激发学生的兴趣。

某教师在执教《变色龙》时进行第一课时的导入。

师：动物是我们人类的朋友。许多动物在遇到危险时都有奇异的逃生本领，如壁虎遇到危险时会主动地折断自己的尾巴逃生。你还知道哪些动物有特殊的逃生本领？

生：乌贼遇险时会喷出黑色的汁，扰乱敌人的视线。

生：当有敌人侵害时，警觉的海参会迅速把五脏六腑喷射出来，让对方饱餐一顿，而自己则借助反冲力逃脱。

师：今天我们再来认识一种动物，看一看它遇到危险的时候是怎样逃生的，它的名字叫变色龙。（板书）①

案例中，教师以学生喜爱且熟悉的小动物作为导入内容，激发学生对神奇动物的浓厚兴趣。通过精心设计导入活动，教师可以引起学生的好奇心和兴趣，吸引他们主动参与学习；还能与学生的个人经验、感受或情感联系起来，使学生更加投入和积极参与。这样的导入能够为整个教学过程打下良好的开端。

方法2：整合教学内容，促进学生比较学习。

学生的比较学习能力是培养批判性思维和综合分析能力的关键。在教学过程

---

① 郭根福. 试论第一课时的教学目标及教学策略［J］. 湖北教育（教育教学），2010（5）.

中，教师可以整合不同领域的教学内容，提供多样化的学习材料和资源，以激发学生进行比较学习的兴趣。比较学习旨在引导学生将不同概念、理论、观点或实践进行对比和对照，从而促进他们的思辨能力和批判思维。

在教学《一本男孩子必读的书》一文时，教师将两个课时的教学分成前后两个阶段。

第一课时作为《鲁滨孙漂流记》这本书的导读推荐课，旨在概括了解课文的基本内容。随后，教师有意识地组织学生阅读《鲁滨孙漂流记》。在学生全部读完《鲁滨孙漂流记》之后，将第二课时定位为阅读汇报课。教师组织学生将课文与原著的内容进行深入对比，看看课文选取了原著中哪些语段内容，自己在阅读原著的过程中是否已经关注了这些语段，作者在原著中是怎样具体描写的。教师还可以引领学生从《鲁滨孙漂流记》中选择自己最喜欢的一句话，并与《一本男孩子必读的书》中提到的名言进行对比，说说自己喜欢这句话的理由。这种联系、对比的方式，将教材中的课文与课外书籍整合在一起，夯实了学生对课文以及原著的整体性感知。整合之下，教师将教学内容联结在一起，形成更为深刻的感知与体悟。①

案例中，教师整合教材内容，采用了教材和课外书籍融合对比的教学方式，如此一来，学生不但可以深刻领会课程内容，系统学习教学内容，而且在拓展知识的同时深入理解和应用所学内容，培养了学科综合素养。

方法3：注重学生体验，提升课堂趣味。

注重学生的学习体验并提升课堂的趣味性已成为教师追求的目标之一，教师利用创造力和灵活性，运用丰富的教学方法和资源，提供富有趣味性的学习环境和任务，打造充满活力的课堂环境，学生思考和解决问题的方法不仅限于传统的思维模式，更加倾向于尝试从新的角度用新的方法去解决问题。

在教学10以内加法的练习课上，某教师设计了一个让学生以同桌为单位进

① 余德芳. 聚合：将教学策略指向教学目标［J］. 小学教学参考，2017（22）.

行的数学游戏。课堂上，学生通过玩游戏练习了 10 以内加法计算，在游戏中感悟了取胜的策略，达成了多重教学目标。

游戏设计：（出示表格）

+	0	1	2	3	4	5
0						
1						
2						
3						
4						
5						

游戏规则：

（1）甲在方格中画〇，乙在方格中画×。两人轮流在加法表中画一画。

如：甲先算 5+0=?，计算正确在相应的方格内画〇；乙再算 4+1=?，计算正确在相应的方格中画×。

（2）如果甲计算错了，而乙纠正对了，则乙在相应的方格内画×；反之，如果乙计算错了，而甲纠正对了，则甲在相应的方格内画〇。

（3）当 4 个同一种符号连成一条线时（横、竖、斜线均可），执该符号者胜。①

案例中，教师为了提升课堂学习的趣味性，设计了灵活多变的数学游戏活动，将练习内容融入其中。这样的练习，不仅可以减少计算的统一性和严肃性，还可以训练学生灵活运用知识的技能，创设了有趣的课堂，学生在这样的课堂上学习，不但可以享受学习的过程，感受到学习的乐趣，而且增强了学习的动力和积极性。

方法 4：以挑战性教学，促学生思考探究。

教师设计一个激发学生好奇心和探索欲望的教学环境，通过给予学生挑战、问题和复杂任务，促使他们深入思考和主动探究，鼓励他们从不同角度思考问题，并寻求创新的解决方案，提高学生的问题解决能力和分析思维能力。

① 林俊. 体现挑战性教学目标的教学活动设计策略 [J]. 教学与管理（小学版），2010（10）.

出示计算题：①848÷4＝？②914÷4＝？③283÷4＝？④408÷4＝？

师：观察一下这些题，你有什么发现？

……

师：请大家算一算，看看商到底是多少？看谁算得又快又好。

（学生计算后，集体校对每题的结果，并板书）

848÷4＝212 ①

914÷4＝228……2 ②

283÷4＝70……3 ③

408÷4＝102 ④

师：果然每一道题的商都不同。大家真厉害！如果我们将这些算式重新排列（课件出示算式），就会有新的发现：除数不变，被除数越大，商就越大；反之，除数不变，被除数越小，商就越小。

③283÷4＝70……3

④408÷4＝102

①848÷4＝212

②914÷4＝228……2

师：回忆一下，刚才你们是怎样计算三位数除以一位数的？

师：再看一看这些结果，可以怎么分类？为什么？

……

师：从这里我们可以发现三位数除以一位数，商可能是两位数，也可能是三位数。

师：为什么第③题的商是两位数？

生3：因为283百位上的2不够4除，商的最高位在十位，所以商只能是两位数。

师：还有不同分法吗？（这时教师环顾教室四周，只有1个人举手）

生4：第①②③题一类，第④题一类，因为第④题被除数里有0。

（他的回答立即遭到其他学生的联合反对——教师要求按计算结果分类，不是按被除数分类）

师：他虽然没听清前面的要求，不过他观察得很仔细，第④题被除数里确实有0。

（这时忽然有几个学生激动地举起了小手，显然他们是受到刚才学生的启发）

生5：第①②题一类，第③④题一类。因为第③④题商里都有0。①

在上述教学过程中，教师以提问的方式给予学生挑战，促发学生思考，这样一来，原本枯燥的计算变成了学生探索的目标，激发了他们的验证欲望。同时，教师巧妙利用具体的计算结果，不断提出问题，引导学生思考更深层次的内容，促进了他们个体差异的发展。

（2）注意课内外延伸拓展

通过课内外延伸拓展，学生能够扩展知识领域、培养综合能力，并将学习与现实生活联系起来，学生有机会探索更复杂、深入的主题，可以帮助学生建立知识之间的联系，培养其应用能力。通过将所学知识与实际情境相结合，学生能够将抽象的概念转化为实际应用，培养跨学科思维和创新能力，并有机会应用所学知识解决现实生活中的问题，从而深化对知识的理解。

在教学选修课"中国古代诗歌散文欣赏"的诗歌部分时，考虑到教学要和高考自然衔接在一起，以及学生对诗歌鉴赏本来就很畏难，再加上联结了高考，更是障碍重重。于是某教师在教学"置身诗境，缘景明情"这一单元时，发现单元内容涵盖的诗人较多，从李白、杜甫、白居易、李清照到姜夔、纳兰性德等，不同时代、不同风格、不同内容都包含其中，学生能够从其中领略到太多太多。但毕竟是选修课，不能一一讲解，只能走马观花式地了解一二。特别是对于学生来说耳熟能详的作家作品稍微点拨即可。而讲到纳兰性德时，感觉学生不是很熟悉，于是这位教师就在教学中，抓住一位同学视纳兰性德为偶像的契机，引导学生延伸拓展、践行大语文观。

这位教师为这名学生布置任务，并在第二节课上让她把自己的偶像从三个角度做简要介绍，并从三个角度为自己的"星"赋诗一首……

在对诗词的作者进行简要介绍中，学生读懂了纳兰性德，读懂了一个时代的

---

① 林俊. 体现挑战性教学目标的教学活动设计策略 [J]. 教学与管理（小学版），2010（10）.

情，更欣赏到了美。①

案例中，教师借助于延伸拓展，抓住了课程教学与学生的最佳契合点，真正让学生感受到了诗的生命力。这种教学策略可以帮助学生跳出教材的限制，拓宽知识面，深入了解学科的实际应用，丰富了学生的学习经验和知识储备。

依据教学目标确定教学策略对于学生的学习效果至关重要，教学策略是教师在教学过程中选择和运用的方法和手段。在基于目标选择教学策略的实践中，我们学习了如何选择适当的教学资源、教学内容和课堂教学策略。特别是在课堂教学策略的选择中，我们探索了情境教学法、提问探究法、游戏体验法和交流讨论法。这些策略有助于激发学生的学习兴趣和思维能力，希望教师能够灵活运用教学策略，促进学生的全面发展。

主题 2

自研自磨出草案

在教师专业成长的背景下，不断改进和创新教学实践是教师的责任和使命。通过自主研究和不断地反思，教师可以自研自磨出精心设计的教学草案，为学生提供更好的学习体验和促进其整体发展。

一、研究：理论知识的积淀

在教学设计中，研究是必不可少的一环。教师应当根据学科特点和学生需求深入研究相关的理论知识和教育原理。首先，理论知识的积淀能够为教师提供专业的指导和支持，使得教学设计更加科学合理。其次，研究还有助于教师对教学内容和教学方法的全面把握，以便更好地帮助学生理解和掌握知识。

---

① 虞绍瑞. 偶像———节语文课的延伸拓展. 微信公众号. 边城一粒沙.

【教学设计理念】

2011 版数学课程标准指出，"图形与几何"的课程内容，以发展学生空间观念、几何直观、推理能力为核心展开。对于轴对称、旋转、平移等基本性质不是单纯地把这些内容作为现成的结论呈现给学生，而是要求学生通过"探索"得到，通过图形的运动变化去发现这些性质，从而为运用图形运动的方法和研究图形性质奠定基础。

【教学内容分析】

轴对称是初中数学图形与几何部分的重要内容之一。一方面，这是在小学学习的基础上，对轴对称内容的进一步深入和拓展；另一方面，又为学习旋转、中心对称、等腰三角形等知识奠定了基础，是进一步研究图形的工具性内容。鉴于此，根据学生的实际情况，我们将本课重新整合，把以前一课时的内容分为两个课时来完成，因为后面的内容在本节课的基础上，学生通过类比、迁移等学习方式可以轻松完成，同时还可以逐步培养学生的自主学习能力。此外，轴对称既是一个数学概念又是一个美学概念，若只讲知识不对学生进行审美情操和审美能力的培养将是一个缺憾，所以我安排了"小小设计师"这个环节。

【学习者特征分析】

七年级是学生从小学到初中的过渡阶段，学生的模仿能力、好奇心、参与意识较强，但动手能力、创新意识较差。这部分知识是在小学学习内容的基础上再次深化，但学生对于知识的综合应用仍有困难。鉴于此，引导学生合作探究、激发学生兴趣与创新思维成为本节课的关键。

【教学目标分析】

知识与技能。让学生通过丰富的生活实例认识轴对称现象，探索轴对称图形的特征，掌握轴对称图形的概念，能够识别轴对称图形。

数学思考。在丰富的现实情景中，让学生经历观察、折叠、剪纸、印墨迹以及欣赏与分析图形等数学活动过程，让学生从探索轴对称现象的特征逐步发展到形成空间观念。

解决问题。让学生学会观察、欣赏身边的轴对称实例，创作简单的轴对称图案，从中探索轴对称变换的特征，并培养学生的审美情操。

情感与态度。让学生通过收集整理信息与实践操作，积累数学活动的经验，认识轴对称图形在现实生活中的广泛应用和其丰富的文化价值，培养学生的自主学习能力、合作意识、责任感和应用数学创造美的意识。①

上述案例为华东师大版七年级数学下册"生活中的轴对称（1）"课程，在设计教学方案之前，教师对课程的教学理念、教学内容、教学目标及学生特点进行分析，深入剖析教学内容，从而为教学设计提供有针对性的方案。

二、磨炼：实践经验的积累

理论知识只有在实践中才能得到充分的验证和应用。因此，教师在自研自磨的过程中也需要进行磨炼，即通过不断积累实践经验并改进教学设计。通过反思和实践的交互作用，教师可以更好地了解学生的需求和学习情况，进而对教学过程进行调整和优化。

《邓稼先》是一篇很长的文章！内容繁多、琐细而无序，处理有难度。

抓住一首诗。

哪一个地方才是《邓稼先》这篇长文的最佳切入点？通过再三地阅读品味，我确定了《中国男儿》这首诗。整个课堂教学围绕这首诗大做文章，放得酣畅，收得自然。特别是每到学生情绪的临界点，我总以这首诗的朗诵来实现突破。《中国男儿》的诵读与挖掘使教学极富凝聚力、感染力。

扣住两个词。

《中国男儿》是切入的面，面上凿开的点是诗中的一个词：奇丈夫的"奇"。我和学生一起总结邓稼先"奇"在何处。一个"奇"字神奇地统率起散乱的内容。背景奇，功勋奇，人品奇，民族气节奇，拼搏精神奇，人生价值奇。一"奇"而动全文，整合之功效让人颇感淋漓。

在课文的收束阶段，我抓住"奇"而再深入。我问：邓稼先之奇，除了他燕然勒功、功勋卓著之外，还有最奇之处。我让学生返回第一部分寻找答案。学

---

① 孙玉环. 初中数学《生活中的轴对称（1）》教学设计方案［J］. 吉林省教育学院学报（上旬），2014（6）.

生很快找出：奇之最奇在于"鲜为人知"。对，这是一个在原文中也"鲜为人知"的词语，我们就这样层层挖掘，终于让学生的视线集中了。不用多描述，可以想象，由这个词语掀开的对邓稼先这个人物形象深层次的理解把握将会出现多么别有洞天的境界。

精析三个语言点。

没有对语言文字进行最精细的品味与挖掘的语文课是没有语文味的。幸运的是，我和学生们与极富内涵的语言有了一次美妙的约会，并由此产生了极有深度的思维碰撞。

1. 揣摩邓稼先的心灵世界

我把师生的视线聚焦在"也不知道稼先在蓬断草枯的沙漠中埋葬同事、埋葬下属的时候是什么心情"这句上。我顺势导问："同学们，如果你是邓稼先，这时候你会有怎样的心情呢？"一问激起千层浪，学生们开始了一次心灵世界的追问。

一问作桥，让语文走进了心灵。

2. 走进邓稼先的生活场景

"不知稼先在关键性的方案上签字的时候，手有没有颤抖？"这句话拨动了我的心弦，由此我深情地设问："同学们，你们说，邓稼先的手会不会颤抖呢？"此问问得颇奇，教室里气氛顿时热烈起来。通过这"颤抖"一词，我们感受到了邓稼先肩上泰山一般沉重的责任和科学家时时刻刻都要面临的挑战。在这个沉甸甸的问句中，包含了作者对邓稼先多少的钦佩和哀思啊！

一问点燃了思维之火，让语文回归了生活。

3. 重现邓稼先的英雄形象

有了上文心理和动作的铺垫，这次的引导我决定从语言入手。我没有放过"……一次井下突然有一个信号测不到了，大家十分焦虑，人们劝他回去，他只说了一句话：'我不能走'。"这个细节。我问："如何朗读'我不能走'？"这真是一次异彩纷呈的朗读。围绕着是应该读得慷慨激昂还是应该读得沉静平和，学生又开始了一次激烈的争论。这一次的讨论至今让我沉浸其中，叹为观止，深感语文之美。

一问掀起了朗读高潮，让语文充满了灵气。①

案例中，通过对《邓稼先》一文进行的教学磨炼，把握了核心教学内容，达到了长文短教的目的。在这一过程中，教师运用抓住一首诗、扣住两个词、精析三个语言点的方法进行教学，引导学生走进邓稼先的心灵世界，使之受到心灵的熏陶。

在磨炼环节，教师可以选择多种教学方法和手段，例如小组讨论、问题解决、实地考察等，以激发学生的兴趣和主动性。教师还可以利用现代技术手段，如多媒体教学、互联网资源等，为学生提供更加丰富多样的学习资源和工具。通过磨炼，教师可以更好地补充和修正教学方案，提高教学效果。

三、自研自磨：个性化教学的实现

自研自磨的教学草案是教师个性化教学的重要手段。通过自主研究和不断实践，教师可以根据学生的差异和需求，为每个学生提供量身定制的学习方案。这种个性化的教学模式能够更好地满足学生的学习需求，激发他们的学习兴趣和主动性，从而提高整体学习效果。下述案例为教师自研自磨后设计的教学草案。

《小真的长头发》教学草案

一、教学目标

1.运用多种方法朗读课文，说出小真的长头发能做些什么。

2.发现语言的表达秘密，想象与写话：小真的长头发能做些什么？

二、教学过程

1.兴趣导入，唤醒想象

①教师在黑板上画画，让学生猜一猜这是什么？

②师生讲故事《小真的长头发》。主要由教师绘声绘色地讲故事，学生适当地接上一些。

① 名师课堂·王君：七下第一课《邓稼先》教学创意草案. 微信公众号：初中语文写作与阅读.

2.了解故事的起因，走入想象的源头

①故事里出现了几个人物？咦，她们的头发怎么不一样啊？（生说）

②出示第 1 自然段，指导读好"美得不行"。

③出示第 2~5 自然段，长头发的小叶、小美和妹妹头的小真会聊些什么呢？

④如果你是小真，听到小叶、小美这么说，你会怎么想？出示第 6~8 自然段，指导学生通过动作、表情读好"老长老长老长老长老——长！"

⑤分角色朗读第 1~8 自然段。

3.学习第 9~12 自然段，发现言语秘密，放飞想象

①小真的头发老长老长老长老长老——长，说起那个长来呀，到底有多长呢？读一读课文第 9~12 自然段。

②谁来说说，小真的长头发，长得可以做些什么？（板书：钓鱼、套牛、当被子、晾衣服）

③小真说话可有意思啦，你能发现小真是怎么把话讲清楚、说明白的吗？（出示第 9 自然段）

引导学生感悟动词"垂"、关联词"要是……就……"以及"还有呢……"中省略号的用法。

④用同样的方法快速学习第 10~12 自然段。小结。

⑤你能说说小真的长头发还能做些什么吗？

⑥小练笔：把你刚才的想法写在作业纸上，看谁写得又快又好。

⑦展示学生的作业，教给学生们评星办法。选一份较好的作业纸实时投屏到班班通上。

4.学习第 13~20 自然段，授之以法，呵护童真

①小真的长头发能做这么多事，真好啊，可是，这样长的头发就没有不方便的地方吗？（生说说有哪些不便之处）

②同学们想到的小叶、小美也有相同的疑问，出示第 15、第 17、第 18 自然段，指名读。

③这么多麻烦，怎么办才好呢？小真有没有解决办法？结合课文第 15、第 16、第 20 自然段，学生用自己的话说一说，随机请学生画"冰激凌样的长头发""海带样的长头发""树林样的长头发"。

④你认为小真是个什么样的孩子？

⑤小真的想象力真丰富。怪不得小叶、小美都听得入了神。出示第 21~22 自然段，指导读书。

5. 走进绘本，图文共赏

①了解作者，欣赏原著绘本。

②边看图，边试着讲出这个故事。

6. 作业

请在作业里选择你感兴趣的 1~2 项完成。①

在这一案例中，教师在自研自磨的基础上设计教学草案，可以从学生的角度出发，深入了解学生的学习风格、学习兴趣以及个体差异等。这就提示我们，要促成个性化教学，教师就需要在研课磨课的过程中，通过观察、问卷调查、学习档案等方式收集学生的相关信息，为实施个性化教学找到依据。同时，教师还要与学生保持密切的沟通和积极进行反馈，及时了解学生对教学的感受和理解，进一步调整和优化教学策略。

总之，自研自磨是教师专业发展和教学创新的重要路径之一。通过深入研究和不断实践，教师可以自主设计和完善教学草案，为学生提供个性化、高质量的教学体验。在这个过程中，教师需要不断进行反思和优化，与同行进行交流与合作，不断推进自己的教育专业成长。

主题 3

同题同构找最优

著名作家萧伯纳说过："如果你有一个苹果，我有一个苹果，彼此交换，那

---

① 燕燕. 教学实录 | 小真的长头发（试教视频+教学设计草案）. 微信公众号：燕燕晓语.

么，每个人只有一个苹果。如果你有一种思想，我有一种思想，彼此交换，我们每个人就有了两种思想，甚至多于两种思想。"在研磨教学设计并建立宏观概念的过程中，教师同题同构找最优是一个重要的主题，通过教师之间的合作和共同努力，找寻最佳的教学策略，不断自研自磨以完善教学草案，从而找到最优的教学方案。

一、同题同构的含义

同题同构强调了集体备课的重要性，首先基于合作、共享、相互学习的理念，通过整合不同教师的教学资源、理念和思路，确立共同的教学目标、重点难点、教学方法和手段，然后教师通过交流讨论、资料分享和实践验证，在教学中针对一个教学内容及已形成的教学草案，在同一个课堂结构下，用同一种教学思路，运用统一的教案、多媒体课件等教学资料，轮流在各班进行授课的教学方式，探索最佳的教学方案和教学方法。

活动以"同题同构"的方式展开，重构课堂，以教促研。呈现出"定篇—同构—展示"的活动流程和路径，促进教师专业化发展。

"同课同构"教学研讨活动遵循同研、同备、同展、同享。确定课题后，片区内的4所学校的教研组在各自学校进行校内集体备课，整合校内资源，形成教学设计和课件的初稿。

随后，4所学校的教研组成员汇集到马村中学，在马村中学进行第二次集体备课，依据各校校内集体备课教学设计进行讨论，在教材解读、教学方法、学生学情等方面达成共识，整合片区内的教学资源，形成教学设计和课件的第二稿。

相同的篇目，相同的建构，却因不同的教学风格而变得精彩纷呈。邵小泾老师从导入开始逐个突破，使学生整理起来更具条理。秦丹丹老师更加活泼，可以激励学生集体参与。郭晓楠老师的导入更加注重学生回答，教师总结，效果更好。每个教师在课堂上都做到了紧凑、流畅、教学内容层层深入，引导学生大胆思考，积极展示。听课教师认真做听课记录，格外珍惜难得的学习机会。听，是为了吸取精华，是为了进行反思，是为了促进进步。这就是课堂教研的魅力！

"善思者明，善思者智。"课堂展示结束后，3位教师也反思了自己的课堂。

其他教师也秉持着"在交流中发现不足，在不足中寻找方法，在方法中寻求共同进步"的理念，对三堂课进行了深刻认真的剖析，并提出了切实中肯的建议，教师们各抒己见，学习、交流、互动，教研氛围浓重，有效地促进了教师的专业化成长和教研的深入开展。

教研室黄素琴老师和李萍老师都对3位教师的课堂展示给予了肯定，同时提出了建议、意见。①

在上面的案例中，教师针对同一个教学主题进行了二次集体备课，形成教案后进行个人授课，每位教师都有不同的教学风格和教学策略，随后进行评课议课及反思改进，通过同题同构，拓宽了教师的教学视野，同时也开阔了听课者的听课视角。

二、同题同构的基本教研步骤

同题同构是教师们在教学过程中共同研究同一个教学主题，并相互合作学习，共同构建教学资源和教学策略，基于同题共构的教研步骤是指在教师们进行同题共构时所采取的一系列行动和措施。通过这些步骤，教师们可以充分利用彼此的专业知识和经验，共同优化教学设计和教学实施，提高教学质量和学生的学习效果。

1. 集体定课题，集体备课

集体定课题，就是教师组的成员开展讨论，提出各自的想法和建议，最终协商确定一个需要进行同题同构的具体课题。在这一过程中，要考虑选择与学生学习兴趣相关、与教学计划紧密结合的课题，确保其教育价值和实际可操作性。

集体备课，就是在确定课题后，课题组成员共同收集、整理相关的教学资料、教案模板、示范视频等资源，以便为教案设计提供参考和支持，就共同的课题进行讨论，共同设计统一的教案、统一的导学案、统一的多媒体课件。在这个过程中，小组成员可以通过小组会议、网络平台等方式进行集体备课讨论，分享

---

① 郜永峰. 同题同构 共展共享. 微信公众号：高平教育之窗.

资料、交流学习心得，激发创意和思考。

　　根据当时的教学进度，我们选定的课题是浙教版数学（七年级下册）的起始课"三角形的认识"。

　　我开始的设计：学生每 4 人一组，利用长度分别为 6cm、8cm、10cm、14cm、20cm 的小棒摆三角形。我设计了以下 4 个问题：（1）任意选取 3 根小棒摆三角形共有多少种取法？（2）哪些取法能组成三角形？（3）哪些取法不能组成三角形？（4）你认为满足怎样数量关系的三条线段能组成三角形？

　　我的设计意图是想通过"动手操作—发现结论—说理"的教学方式，让学生通过动手操作（摆小棒），直观地感受"如果三条线段能组成三角形，则必须满足较短两条线段的和大于第三条线段的条件"，并从中发现三角形三边的关系，推动对本节课教学难点的突破。但是，由于取小棒的方法较多，取小棒对于很多学生来说并不是一件轻松的事，这致使教学的难度增大了。而且，问题（1）的难度显然比问题（2）和问题（3）的难度大。这样一来，问题的设计缺乏层次性。同时，从心理学的角度看，在一开始就设置难度较大的问题，不利于激发学生的积极性，而且容易致使学生对接下来的学习失去信心。

　　通过与备课组长和同事的讨论，我最后的设计：通过多媒体呈现图片，让学生观察，并通过 4 个问题来引导学生思考。（1）让学生通过生活中熟悉的"上学抄近路"的现象，引出数学问题，以便学生很快地得出三角形的任何两边的和大于第三边的结论，并联想到用学过的知识"两点之间线段最短"来进行说理。（2）通过问题"你们有更简便的方法来判断三条线段能否组成三角形吗"再次激发学生思考，让学生理解"要判断三条线段能否组成三角形，只要看较短两条线段的和是否大于第三条线段就可以了"。（3）通过具有较强开放性的问题"你们能取一根小棒，使之与 5cm 和 8cm 长的两根小棒组成三角形吗"让学生在前面已有知识的基础上得出结论。（4）追问："想一想，小棒的长度应在什么范围内才能与 5cm 和 8cm 长的两根小棒组成三角形呢？"促使学生更深层次地思考问题。

　　这 4 个问题的设计是一个由浅入深、环环相扣的过程。教师可顺着知识的发生、发展规律，将知识内容问题化，构建问题链，促使学生积极思考、探索，并通过问题的层层深入，把学生的思维带入一个广阔的天地。①

上述案例中，执教者与备课教师集体讨论确定教学课题，并在备课过程中对教学设计方案进行探讨调整，最后确定了环环相扣的问题链设计，能够引导学生逐步地思考和解决问题，建立知识的链接和整体认识，培养探究精神。

2. 个人设计教案，上课

个人设计教案，就是每一个课题组成员在备课的基础上，独立设计自己的教案。在教案中明确教学目标、教学内容、教学方法、评估方式等要素，确保教学的全面性和有效性。在教案设计中可以采用多种教学策略，如案例分析、小组讨论、实验演示等，以激发学生的主动性和提高其参与度。

上课就是指每一位课题组教师都要按照自己设计的教案进行授课。在教学过程中，教师要充分调动学生的学习兴趣和积极性，鼓励他们提问、讨论和尝试解决问题。在上课的过程中，教师要注重创设良好的教学氛围，关注学生的学习进展，及时调整和优化教学策略，确保教学效果的最大化。下述案例就是一位教师在经过集体备课环节后，基于个人设计的教案实施的教学过程片段及自我分析。

在得到"三角形任何两边之和大于第三边"的结论后讲解例1"判断下列各组线段中，哪些能组成三角形，哪些不能组成三角形，并说明理由。（1）2.5cm，3cm，5cm；（2）6.3cm，6.3cm，12.6cm；（3）1cm，2cm，3.5cm；（4）6cm，8cm，13cm"。讲解时，我先进行了分析，得出结论"要判断三条线段能否组成三角形，只要把最长的一条线段与另外两条线段的和做比较：如果最长的一条线段小于另外两条线段的和，那么这三条线段能组成三角形；如果最长的一条线段大于或等于另外两条线段的和，那么这三条线段不能组成三角形"。然后根据这个规律完成了例1的教学。我的设计意图：让学生很快形成"判断三条线段能否组成三角形"的一般方法，然后直接运用，形成正迁移，以此突破本节课的难点。虽然这样

---

① 林小花. 提高教学质量 促进教师成长——《三角形的认识》"同课同构"教学的实施及感受 [J]. 教学月刊（中学版），2011（2）.

的处理方式在课堂上是比较顺畅的，实际上我的设置是块状的，只是为了解决此知识点而已。表面上看学生的积极性很高、掌握得也很快，但实际上我知道真正由学生自己探索得到的东西很少。①

3. 教师组听课、评课及反思改进

教师组听课中，组中其他教师以听课者的身份参与教学环节。他们可以仔细观察学生的反应、教师的教学过程和方法，记录下自己观察和想法。在听课过程中，听课教师可以用做笔记、录音等方式，将关键的问题、亮点和困惑记录下来，为评课和反思提供材料。

评课，是对教师的课堂教学进行评课，共同分析和讨论教学的优势和不足之处。他们可以提出问题、分享观察体会，从中发现问题和改进的方向。在听课、评课的过程中，教师一起反思并提出改进措施，对教学方法、学习资源或评估方式进行调整和优化，以提高教学效果。

4. 形成新的教案由另一位老师上课

在评课和反思的基础上，课题组成员再次修改和完善教案。授课教师借鉴其他教师的意见和建议，结合自己的思考和理解，对教案进行调整和优化，教案应包括引入活动、课堂互动、学习任务等内容，确保教学过程的流畅性和有效性。

选定课题组成员中的另一位教师，按照新的教案进行授课。这位教师可以根据教案的指导，自主选择适合的教学方法和策略，展示教学的多样性和创造性，提供新的教学案例和实践活动。

在得到"三角形任何两边之和大于第三边"的结论后，备课组长讲解例1的过程如下：

师：你们有没有更简便的方法来判断三条线段能否组成三角形？

（学生思考片刻）

师：我们先来看例题（注：例题同上）。

---

① 林小花. 提高教学质量 促进教师成长——《三角形的认识》"同课同构"教学的实施及感受［J］. 教学月刊（中学版），2011（2）.

生：老师，我知道了，如果较短两条线段的和大于第三条线段，则其余两边的和也一定大于第三边。因此，不需要分别判断这 3 个式子（a+b>c，b+c>a，a+c>b）是否都成立，只要看较短两条线段的和是否大于第三条线段就可以了。

备课组长这样的处理，使学生通过完成例 1 的学习在情感上有了变化，让学生"惊觉"自己刚才求解的方法确实不佳，既费时又费力，从而深刻认识到寻找简便途径的必要性。这也使他们在后面的学习中情绪更加激昂，有助于他们真正理解数学知识，感悟数学的理性精神，形成创新能力。①

上述两个案例中，授课教师的教学风格和教学方法各有不同，第一位教师直接讲授并分析得出结论，学生接收和运用知识，掌握知识很快，但不是靠学生自己思考形成的；第二位教师通过提问引导的方式引发学生思考，激发学生的兴趣，有助于学生真正理解和掌握知识。

5. 评估总结选最优

教师对新教案的实施效果进行评估，观察学生的学习表现、反馈和成果，考查教学目标的达成情况。课题组成员进行总结，分享教学心得和体会，讨论教学中获得的经验和教训，以及改进的方向和建议，选出最优的教学方案。下述案例中，经过对各授课教师的评估总结，确定备课组长的教学方案在课堂实施时更为有效：

进行教学反思是促进教师成长的有效途径。教师通过集体备课、钻研、上课、听课、比较等环节，可以比较清楚地了解自己在教学中的有效环节、无效环节等，反思自然水到渠成。可以说，这次"同课同构"教研活动是一次"有效的学习"。在本次的教学中，备课组长的课数学味浓，动态生成意识强，重视学生推测、探究能力的培养。我和备课组长利用同样的课件进行一系列活动完成教学，但通过对比发现自己由于受传统教学模式的束缚，还是放得不开，怕教学任务完成不了，所以自己讲得比较多，留给学生的时间不够充分，跟学生的交流也

---

① 林小花. 提高教学质量 促进教师成长——《三角形的认识》"同课同构"教学的实施及感受. 教学管理. 2011（2）.

不够，导致学生接收得多、思考得少。因此，课堂内容显得有些单调，而且在时间把握上不是很妥当，前松后紧，也没能抓住学生表现的亮点。①

6. 教学成果的分享和推广

课题组组织各位老师进行成果分享会或教学研讨会，向其他教师和教育界同行分享同题共构的实践和成果。课题组可以将优秀的教案、教学经验进行整理，形成资源进行分享，以促进教学质量的提升。

在实施教师同课同构找最优的过程中，教师可能会面临一些挑战。首先，教师之间需要建立起信任和合作的关系，打破原有的教学固化观念和思维模式，这需要教师具备开放的态度和学习的意愿，愿意接受他人的意见和建议，并进行改进和创新。其次，教师需要投入更多的时间和精力进行教学设计，观摩和反馈。这需要教师具备良好的时间管理能力和组织能力，找到平衡点，确保教学质量的同时不过度增加工作负担。

同题共构，一方面可以充分利用集体智慧，真正实现资源共享，共同研究和探索最优的教学实践，不断追求教学的最优解；另一方面能帮助年轻教师快速掌握基本教学规则，提升教学水平，积累教学经验。这种同题同构的做法不仅可以促进教师个体的成长和教学水平的提高，也有助于形成学校的教学共同体，共同提升整个学校的教学水平和质量。

主题 4

同题异构定设计

教师同题异构定设计是一种独特的教学设计方法，旨在帮助教师以创新的方式处理相同的主题，满足不同学生的需求、研课磨课，最终从"同题同构"走

---

① 林小花. 提高教学质量 促进教师成长——《三角形的认识》"同课同构"教学的实施及感受 [J]. 教学月刊（中学版），2011（2）.

向"同题异构"，每个教师都要结合自身和课堂的实际，找到最适合自己的"设计"。

一、同题异构的含义

同题异构指的是在教研活动中，不同教师或同一教师在不同班级实施教学，但使用相同的教学课题或教学设计。这种形式包括教师间的设计研讨与反思，以及课堂观察者的跟踪比较研究等。每个教师都具有独特的教学风格、教学理念和教学策略，在同题异构中，教师根据自己对教材的理解、策略选择和资源利用的不同，创设独特的教学设计和授课方法。因此，即使是相同的课题，不同的教师也会呈现出不同的教学结构、风格和方法。这种形式展示了教师个性化的教学风格、语言素养和课堂管理能力，使得相同的课程在不同的教师手中得以诠释和创新。

以黑龙江人民出版社版"科学的预设和艺术的生成"课程为例，这一课程要求在站立式起跑教学过程中帮助学生实现"放松蹬摆、蹬摆协调"的目标，所以，在实际的小学体育教学过程中，教师就可以围绕这一目标创新同题异构的站立式起跑教学模式，以此帮助学生获得更好的站立式起跑学习效果。

首先，在站立式起跑的教学环节，教师一方面可以应用多媒体技术为学生展现标准的站立式起跑动作，让学生通过反复观摩教学视频获得对站立式起跑动作的理解，比如在进行起跑时协调配合的讲解过程中，教师侧重学生身体重心、前腿位置以及后腿发力的模式为学生们进行讲解和演示，以此帮助学生更好地理解站立式起跑的姿势要求，为后续实践奠定基础；另一方面，教师还可以组织学生们开展高抬腿跑的活动，并在高抬腿跑的过程中为学生适当地设计障碍，让学生一边高抬腿跑的同时一边躲避障碍，以此提升对身体的掌控能力，让学生在学习站立式起跑前便针对自身的协调能力进行相应的锻炼，为后续的站立式起跑奠定基础。

其次，教师可以通过开展分项训练的方式，分步骤地锻炼学生站立式起跑的各个标准动作。比如，在进行站立式起跑姿势的教学过程中，教师可以通过组织学生开展不同姿势起跑小游戏的方式，让学生感受到站立式起跑的精髓所在，并在教师的口令指导下，反复练习站立式起跑的姿势，以此锻炼身体的协调能力，为后续开展同题异构教学中站立式起跑教学奠定基础。①

在上述案例中，这位教师在钻研教学目标的基础上，结合体育学科的特点，运用同题异构的方式，即观摩视频学技术、分项训练提升技能等不同的方式实施教学，从而达到预期的教学效果。

二、同题异构的基本教研步骤

同题异构是指在教研活动中，教师选择同一个教学主题进行研究，但要采用不同的研究方法、理论框架和教学策略。与同题共构不同，同题异构注重从不同的角度和视角来研究和实施教学，在教研实践中，教师可以充分发挥个人的专业特长和创造力从不同的视角探索教学主题。

1. 确定相同的教学主题，个人备课

确定课题的主题和目标，并与课题组中的教师进行讨论和协商，以确保大家对所选课题有一致的理解和目标。这个主题或话题应该与学科内容相关，并能够引发学生的兴趣和好奇心。在确定课题后，课题组中的教师通过交流、研讨和参考相关教材资料，共同制定教学内容和教学大纲。

每个教师要根据所确定的教学课题进行备课工作。这包括深入了解课题的理论知识和实践应用，不同的教师根据对教材的理解不同，探索适合自己的教学方法和策略，设计个人教学风格的课程。教师可以根据自己的专业背景、教学风格和学生需求，对教学内容进行个性化调整，以确保教学的有效性和学习的深度。

"长江各河段的自然特征"是湘教版八年级上册第二章第三节"中国的河流"中框题"滚滚长江"的重点。

【教师 A 的教学过程设计】

把班级学生分为三大组，结合手中的导学提纲读图分析，说出长江各河段的

---

① 孙美宁. 同题异构教学中对站立式起跑教学的思考 [J]. 田径, 2021 (8).

主要特征。

组1：说出上游的水文特征：①读课本第67页图2-37"长江干流剖面图"，算一算长江上游的落差约为多少，占长江总落差的百分之多少；②从地形的角度分析长江落差大的原因；③河水在穿山越岭时会形成什么样的特征；④找出上游著名的峡谷。

组2：说出中游的水文特征：①长江到中游后主要流经什么地形区；水流特点是怎样的；②仔细观察中游干流的形状，并说说其特点；③找到中游的支流与湖泊，并与上游和下游作对比，得出其特点。

组3：说出下游的水文特征：①长江到下游后，水流会变得如何，其河道及其水深呢？②谈谈下游河段对长江航运的影响。

【教师B的教学过程设计】①

教师活动	学生活动	设计意图
展示长江3个河段景观图片、视频、长江干流纵剖面图，长江上、中、下游3个河段河道特征划分地点、落差、水能状况比较表。把全班分为3个旅游团分别畅谈长江上、中、下游3个河段，并选出一名导游。	导游一：重点介绍上游和中游的划分地点，上游的水文特征，突出河道的特征、落差、水能状况；导游二：重点介绍中游和下游的划分地点，中游的水文特征，突出河道的特征、落差、水能状况；导游三：重点介绍下游和中游的划分地点，下游水文特征，突出河道特征、落差、水能状况。	通过探究式学习、"角色扮演"及小组活动的学习方式、"问题解决式"学习，激发学生的学习兴趣，培养学生的合作意识，促使学生积极主动参与学习，培养学生从图文及相关视频材料中提取信息的能力。突出重点，突破难点。

案例中的两名教师都是在精心备课的基础上，运用分组教学形式，实施问题解决式教学。其中，教师A通过导学提纲读图分析，引导学生对知识的掌握。教

① 郑明进. "长江各河段的自然特征"同题异构教学片段比较 [J]. 地理教学，2012（1）.

师 B 则更多地设计活动内容，还通过多角色扮演的方式，给予学生更大的自主学习空间和时间，以培养学生的自学能力。

2. 教师上课

按照预定的时间表，每个教师独立进行教学活动。教学活动包括讲解、演示、讨论、实验、案例分析等多种形式，以满足不同学生的学习需求和教学目标。

教师可以根据学生的反应和理解情况，适时调整教学策略，提供必要的辅导和指导。

【教师 A 的教学实施过程】

全班分成 3 组，分别代表上、中、下游，根据分发的导学提纲进行自学。在学生自学的过程中，教师巡视，进行个别辅导，全班同学积极投入学习中。学生完成任务后，教师分别请 3 个小组的学生代表说出各河段的特征，并把学生的发言板书在黑板上。学生回答后，教师引导学生读有关地图，采用提问的形式，弄清导学提纲中的每个问题，然后在学生回答的基础上，进一步完善板书。

【教师 B 的教学实施过程】

全班分成 3 组，分别代表上、中、下游，教师详细说明每个小组的学习任务，然后让学生阅读书本，教师巡视，学生回答教师提出的问题。学生任务完成后，教师分别请 3 个小组的学生代表上台发言，各小组代表根据书本有关 3 个河段特征的句子进行回答，学生回答后，教师要求学生从书上画出重点句子。教师利用课件展示中国地形图及长江干流剖面图等图文资料，采用提问及讲解的形式，分析长江各河段的特征，后利用课件展示"长江上、中、下游的划分地点、特征和开发利用存在的问题"，继而对照表格进行小结。①

在上述案例的教学过程中，两名教师都注重课堂上与学生的有效互动，教师

① 郑明进. "长江各河段的自然特征"同题异构教学片段比较 [J]. 地理教学，2012 (1).

A 针对学生分组活动后回答问题的情况，引导他们进一步分析图表，再通过讲解对学生的答案进行纠错和完善，最终引导他们得到正确的答案。教师 B 则引导学生阅读长江干流地形剖面图和我国地形图等，配合详细的讲解，帮助学生理解不同河段的水文特征。

3. 教师组教师集体听课、评课

教师轮流观摩其他教师的课堂教学。在观摩过程中，教师要注意观察和记录教师的教学技巧、学生的反应和课堂氛围等方面的情况。观摩后，教师进行交流和讨论，分享自己的观察结果和体会，互相提供反馈和建议，以促进教师之间的共同学习和成长。

教师以集体评课的形式，对课堂教学进行评估和分析。评课过程中，教师可以讨论教学效果、教学方法的使用、学生参与度以及课堂组织等方面的问题。评课旨在发现教学中的亮点和可改进的地方，为下一步的教学提供指导和建议。

4. 反思改进，定设计

在评课的基础上，每个教师都要对自己的教学进行反思和总结。教师可以思考教学过程中遇到的问题、学生的学习成果、自身的教学方法和策略等，并提出改进的措施和计划。教师可以通过自我反思、与同事交流和参加教师培训等方式，不断提高自己的教学能力和专业素养。

在教师同题异构定设计中，"定设计"意指教师在共同的主题或话题上进行教学设计的过程和结果，既指设计过程中教师的教学计划和决策，也指最终教学设计的结果和教学活动的实施。通过精心的定设计，教师可以根据自己的教学风格和特点，为学生提供个性化的学习体验和教学效果。

同题异构可以打开教师的教学思路，相比于同题同构，同题异构能加深教师的研究深度及广度，形成自己的教学风格，设计出适合教学内容、教学方法、教学过程和教学评价的教学计划，教师可以充分利用集体智慧，通过协作、观摩和反思改进，不断提升教学水平，创造积极的教学环境，以促进学生的全面发展和核心素养的提升。

实施教师同题异构定设计的教学效果也是显著的。首先，学生可以通过接触不同教师的教学风格和教学方法，拓宽视野，开阔思维。他们能够体验到不同教师的智慧和独特之处，激发学习的兴趣和好奇心。其次，教师同题异构定设计有助于培养学生的批判思维和创新能力。在接触多样化的教学设计和思路后，学生能够比较、分析和评价不同的观点和方法，并形成自己的独立见解和解决问题的能力。最后，这种教学模式也有利于学生的综合素养的发展。学生能够全面发展自己的学术能力、合作能力、沟通能力和创新能力，更好地适应未来社会的需求。因此，教师应积极探索和应用教师同题异构定设计的教学方式，促进学生的全面成长和发展。

专题五
研磨教学模式，提升理论高度

在日益发展的教育领域中，教学模式的不断研磨和改善对于提高教学效果和学生的学习成效至关重要。研磨教学模式，意味着我们需要仔细审视和调整教学方法，引导学生运用正确的学习方法，并有效组织与实施教学活动，激发教师的创新能力，拓宽教学思路，为学生提供更具启发性和创造性的教育体验，进一步提升学生的学习效果和核心素养。

主题 1

研磨确定教学方法

北宋学者欧阳修曾言："教学之法，本于人性，磨揉迁革，使趋于善。"在教学实践中，确定适合学生的教学方法是教师面临的一项重要任务。准确、科学地选择合适的教学方法，能够更好地满足不同学生的学习需求，提高教学效率。而研磨确定教学方法正是一种系统和科学的方法，能够帮助教师更好地选择和优化教学方法，提高教学的针对性和有效性。

一、教学方法及其种类

教学方法是指教师在教学过程中所采用的具体方式和手段，用于传授知识、引导学生学习和提高学习成效。教学方法的选择和运用直接影响着教学效果和学生的学习体验。在教学中，有多种类型的教学方法可供选择，每种方法都有其独特的效果和适用场景。

1. 讲授法

讲授法是最常见的教学方法之一。教师通过口头讲述、课件展示或讲解教材内容来传递知识和概念。这种方法适用于知识传授和基本概念的介绍，可以帮助学生建立起对知识的基本理解和认知，为后续学习奠定基础。

2. 问题驱动法

通过提出引人思考的问题来引导学生学习和探究，这种方法将教学重点从单纯的知识传授转移到培养学生思考问题和解决问题的能力上。教师会选择一个开放性的问题或挑战性任务，让学生在探索和解决问题的过程中积极参与。这种方法鼓励学生主动提出问题、寻找答案，同时培养他们的分析、批判和解决问题的能力。

3. 实验法

实验法强调学生通过实验和观察主动探索和发现问题。学生进行实验、观察现象，并根据实验结果进行总结和推理。这种方法不仅可以培养学生的实践能力和科学思维，还能够激发他们的好奇心和探索欲望。实验法适用于科学、工程和实验类的学科领域。

4. 案例法

案例法通过真实或虚拟的案例引发学生思考，培养其解决问题的能力。教师向学生提供一个具体的情境或案例，学生需要分析、思考，并提出解决方案。这种方法有助于培养学生的分析能力、问题解决能力和实践能力。案例法适用于管理、商业、法律等实践性较强的学科领域。

5. 游戏教学法

游戏教学法是一种以游戏为核心的教学方法，将游戏的元素和原理融入教学过程中，旨在提供积极、互动和有趣的学习体验。通过游戏教学法，教师可以激发学生的学习动机、提高他们的参与度，并促进知识的掌握和能力的提升。

教师灵活运用多种教学方法，根据实际情况进行组合和调整，能够更好地激发学生的兴趣、提高学习效果，并培养他们的批判性思维、创新能力和合作精神。

二、研磨教学方法的课堂应用

对教学方法及其种类的了解为探究教学方法的实际应用提供了基础。通过应用探究，教师可以深入了解每种教学方法的实际效果和适用场景，从而更好地满足学生的学习需求。这一不断探索和实践的过程可以帮助教师发展和完善自身的教学实践，为学生创造更丰富、有效和有意义的学习课堂。

1. 讲授式教学法

讲授式教学法是一种传统的教学方法，其核心是教师在课堂上通过讲授知识和概念的方式将内容传授给学生。在讲授式教学中，教师通常起主导作用，通过演讲、讲解、演示等方式向学生传授知识。讲授式教学法的主要特点如下：

①教师主导：教师在讲授式教学中起到主导的作用，他们准备并讲解教学内容，提供必要的解释和示范。教师在选择方法和组织课堂活动时拥有决策权。

②学生被动：学生在讲授式教学中通常是被动的接受者，他们通过听讲和记录来获取知识。学生的主要任务是理解和记忆教师所讲授的内容。

③知识传授：讲授式教学方法主要侧重于知识的传授和概念的解释。教师通过讲解和演示来向学生介绍和解释知识，帮助他们建立基础的理论框架。

④课堂一致性：在讲授式教学中，教师通常会按照预定的教学内容和进度进行课堂讲解和指导。课堂活动比较统一，学生进行类似的学习任务。

⑤学生评估：在讲授式教学中，教师常常通过考试、小测验和作业等方式对学生进行学习成果的评估。评估主要侧重于学生对知识的掌握和应用。

"牛顿第三定律"讲授法案例

【课题引入】

师：今天这节课我们将学习一个新的内容——"牛顿第三定律"，这个定律主要揭示自然界中的两个物体之间发生相互作用时存在的一种规律。我想请大家观察下面这个实验。

【演示实验】

教师在讲台上放4个小车，每个小车有4个小轮。小车底朝上，先把一块硬纸板放在4个小车轮子上，再把一个遥控玩具车放在硬纸板上，按动遥控器。实验现象是纸板突然向后飞出桌面，玩具车前进了一小段距离。

师：同学们看到了什么现象？本来是玩具车要前进，为什么硬纸板却向后跑了呢？（学生先是沉默，然后小声议论约3分钟，但没有人敢回答）玩具车要前进是纸板给了小车一个动力，纸板向后跑，意味着小车给了纸板一个向后的动力。所以小车与纸板之间的力是相互的。

【学生实验】

老师给学生发放一些大图钉、气球、磁铁、弹簧测力计。

师：请同学们利用手中的器材做实验，看能否总结出同样的规律。

学生拿着不同的器材"玩"，有的拿图钉钉桌子，有的拿图钉钉同学，有的拿图钉钉手指头。5分钟后，教师问："有同学能用手头器材说明你的看法吗？"

教师看没有学生说，自己急于一一解答。

①用手指头压大图钉手指头痛，说明手给大图钉作用力时大图钉给手也有作用力。

②吹气球松手后气球飞走，说明气球把气体压出来时气体也给气球作用力。

③磁铁和磁铁靠得比较近时会相互靠拢，说明磁铁的作用也是相互的。

④弹簧测力计相互拉时都有读数，说明它们的作用也是相互的。

……

【应用】

教师举了很多事例，其中有鸡蛋碰石头的例子。教师问："鸡蛋碰石头，鸡蛋破，说明石头对鸡蛋的力大于鸡蛋对石头的力，对吗?"有学生说不对，教师放心地进入下一个教学环节。有学生问："那为什么鸡蛋破而石头不破呢?"老师解释是因为鸡蛋的硬度比石头低，所以鸡蛋易碎而石头不易碎。[1]

上述案例中，教师的教学思路：实验—分析—归纳—应用，快速提供信息，使学生能够迅速了解并掌握基础知识。按照预定的教学计划和进度进行，使教学过程条理清晰，将知识有机地组织起来，帮助学生形成完整的概念框架。教师给学生自主的时间和空间，学生接受教师传授的知识，调动兴趣和积极性，主动参与学习。

目前，教育界普遍主张采用多样化和互动的教学方法来提供更加丰富的学习体验，引入了更多互动、合作和探究的教学方法。然而，在某些情况下，讲授式教学仍然可以是有效的教学形式，特别是在向学生介绍基本概念和知识时，或是在有限的时间内传授课程内容时。在实际教学中，教师可以结合不同的教学方法创造出更丰富和多样化的学习体验。

2. 问题驱动式教学法

问题驱动式教学法是一种以问题为核心的教学方法，在分析课程标准和学生学情的基础上，教师仔细研究教材，为学生设计一个合理的情境。它注重将学生

---

[1] 夏孝祥. 从"牛顿第三定律"教学案例谈讲授法 [J]. 物理教学, 2010 (9).

置于解决真实或虚构的问题情境中，使学生通过自主探究、合作学习和运用批判性思维来推动学习和发展。学生不再是被动地接受知识，而是主动参与问题解决过程。教师的角色转变为学生的指导者和促进者，提供必要的支持和指导。问题驱动式教学法有以下四个关键特点。

①问题导向：问题驱动式教学法的核心是提出开放性和现实性的问题。学生需要通过探索和研究来解决问题，从中获取知识和技能。其中的问题通常具有跨学科性质，鼓励学生将不同学科的知识和概念进行整合和应用。

②自主学习：问题驱动式教学法中，教师鼓励学生主动学习，自主管理和控制自己的学习过程。学生需要自己制定学习目标、寻找资源、组织学习活动，并在教师的指导监督下进行反思和评估。

③合作学习：问题驱动式教学法强调学生之间的合作与互动。学生在小组中合作，共同解决问题并共享信息和观点。通过合作学习，学生能够借助他人的经验和观点，促进彼此的思维发展和提升问题解决能力。

④批判性思维：问题驱动式教学法鼓励学生发展批判性思维能力。学生需要对信息进行分析、评估和判断，提出合理的解决方案，并能够有效地表达和辩护自己的观点。

1. 创设情境

播放视频：1992 年，一艘载有玩具的货船被困在暴风雨中，运输集装箱被困在海上，有 3 万只橡皮小黄鸭被冲到了北太平洋，但是它们没有在一起，相反，小黄鸭在全世界各地漫游。教师以此为学生创设一个有趣的情境，吸引学生的注意力，并提出问题，是什么力量使小黄鸭漂出这么远呢？

2. 新课学习

教师先带领学生学习洋流的三种类型——风海流、密度流和补偿流，再讲解洋流按性质可以划分为寒流和暖流。

3. 分析问题

教师进行概念的讲解，学生掌握了基本理论，在分析问题时，将大问题分为小问题。教师提出问题：什么力量使小黄鸭漂出这么远？结合本节课的核心知识，是大规模的海水运动带动了小黄鸭向一定方向运动。明确了原因，还要继续分析小黄鸭是如何漂到不同的位置，需要学生结合之前学习的气压带风带，分析洋流的运动规律，除了气压带风带的作用，还有没有其他的影响，对洋流的运动方向有哪些改变。从一个大问题分解成几个小问题，有层次地分析问题。

4. 合作探究

教师根据学生的学情进行分组，每个组内既要有基础扎实的学生，也要有掌握知识不牢固的学生，保证各组学生的学习水平达到均衡。学生首先分析洋流运动这一部分的内容，可以联系之前学习过哪方面的知识。在小组内互相交流时，以教师提出的问题为核心，学生发挥主观能动性，根据自己所具备的知识逐步分析问题、解决问题。

5. 成果展示

小组同学之间互相交流，共同得出一个结论，在教师的引导下进行结果汇报。教师在听完小组汇报后，评出回答最好的一组，并对其他组进行点评。在这一过程中，教师要合理引导学生想清楚小鸭子的运动轨迹，首先要明确洋流的运动方向，联想之前学习的气压带风带，先分析北半球。赤道附近受东北信风的影响，海水理应自东北向西南流动，同时又有地转偏向力的影响，向右偏转，形成了自东向西的北赤道暖流。北赤道暖流在流动过程中，受到亚欧大陆的阻挡，有一部分向北流动，由低纬流向高纬，形成日本海暖流。流经到北纬40度左右时，在盛行西风的影响下向东流动，形成北太平洋暖流，在前进时又受到北美洲大陆的阻挡，开始分流，一支向北流，另一支向南流，向南流的被称为加利福尼亚寒流，形成了北半球中低纬环流圈。向北流的称为阿拉斯加暖流，它到白令海峡附近受到陆地轮廓的影响，又流回了中纬度，由高纬流向低纬，形成千岛寒流，这就形成了北半球中高纬环流圈。这就是冲到北太平洋的3万只小鸭，在北半球环流圈的影响下，被洋流带到了世界各地的过程。①

这是人教版必修一第三章第三节"洋流"一课的问题驱动式教学过程，教师在讲授基本概念的基础上，将中心问题抛给学生，让学生在自己主动探索和研

---

① 李彩瑛. PBL教学方法在高中地理课堂中的应用探究——以《洋流》一课为例［J］. 科技风，2023（6）.

究的过程中，逐渐接近正确答案，并在自主学习的过程中，获得更多书本上没有的知识，培养地理思维和分析地理事物的能力。

通过问题驱动式教学法，学生能够获得更深入的理解和应用能力，培养问题解决、合作和批判性思维等重要的综合能力。此外，问题驱动式教学也促进了学生的自主学习和主动参与，提高了学习的效率。因此，问题驱动式教学方法在现代教育中得到广泛应用，并被认为是一种有益于学生全面发展的有效教学方式。

3. 游戏式教学法

游戏式教学法将游戏的元素和原则应用到教学中，以提供一种具有互动性、趣味性和挑战性的学习体验。在游戏式教学中，学生通过参与游戏活动，以解决问题、完成任务或达成目标为导向，来获得知识和发展能力。游戏式教学法的主要特点如下：

①游戏化设计：教师根据学习目标和内容，设计出具有游戏特点的活动和任务，如角色扮演、游戏挑战、解谜等。这样的设计可以增加学习的乐趣和吸引力，提高学生的参与度。

②互动性和合作性：游戏式教学鼓励学生参与互动和合作。学生可以在游戏环境中与其他学生、教师进行交流和合作，以解决问题和完成任务。

③建立反馈机制：游戏式教学提供实时和即时的反馈机制，帮助学生评估自己的学习进展。这可以激发学生的自主学习和自我调控能力，及时纠正错误和改进学习方法。

④激发创造力和探索欲望：游戏式教学鼓励学生进行探索和创造。学生可以自由探索游戏世界，尝试不同的策略和解决方案，培养创造性思维和创新能力。

美育、体育相结合的音乐游戏可以设计为"节奏传球"，具体流程如下。

先带领学生领略2/4拍、3/4拍等经典伴奏音型，等到学生建立起稳定的节奏感后，再向学生示范两种不同的传球模式：一是两名学生面对面，一名学生将球弹到地上后由对面学生接住；二是两名学生站在中线两端，一名学生传球后必须像乒乓球那样弹两次，即在己方与对方"地盘"分别弹一次后才可以被对方接住。教师在向学生示范两种传球模式后可以询问学生："哪一种方式适合2/4

拍？哪一种又适合3/4拍？"学生借助先前听练建立的直观节奏模型，一般能看出第一种模式更适合2/4拍，第二种更适合3/4拍。随后，教师可以在弹奏中变换节奏，让学生根据节奏变化进行"踩点"传球，在体育运动中加强对音乐节奏的深度理解。

运动与音乐都符合小学生的天性，满足他们对节奏、律动、美感的追求，这种追求是超越学科界限的。本示例充分利用了体育与美育的契合性与小学生的好动性，在运动与音乐的合力中推动学生身体健康与审美品质的发展。①

游戏式教学能够使学生在一个轻松、积极和富有挑战性的环境中学习，提高他们的主动性、合作能力和问题解决能力。同时，游戏式教学也增加了学习的趣味性和吸引力，促进学生对知识的积极参与与探索。

4.实验式教学法

实验式教学法是一种以实验为核心的教学方法，通过让学生亲自研究和探索，来促进他们的主动学习和深度理解。在实验式教学中，学生通过设计、执行和分析实验，从中发现问题、提出假设并验证，以培养科学思维和实践能力。实验式教学法的主要特点如下：

①学生主导：在实验式教学中，学生扮演主导的角色，负责提出问题、设计实验、收集数据和推理分析等。学生通过自主学习和实践探索，发挥主动性和创造力。

②实践性：实验式教学注重学生的实践操作和亲身体验，以此加深学习的理解和记忆。学生能够在真实的情境中观察和实践，提高应用和解决问题的能力。

③探索性：实验式教学鼓励学生积极探索和发现，通过观察、提问、探索和发现解决问题的方法。学生通过实验过程中的探索，培养批判性思维和科学探究的能力。

---

① 姚峰.小学音乐游戏式教学实践探究.微信公众号：华夏教师.

学习课题：走进化学实验室

1. 教师活动：展示化学家实验室的图片，介绍科学家取得的成功与无数的实验是分不开的，让学生知道实验的重要性。

2. 学生活动：观看、思考。

你发现了什么？

播放违规实验造成的实验事故的课件或实物表演，使学生认识安全实验的重要性。

3. 观看课件、演示实验。

4. 交流与讨论：参观实验室后，对实验规则、实验室的仪器和药品形成认识。

【课题1】固体药品的取用

1. 展示药品：大理石、碳酸钠。

2. 提出问题：（1）将大理石放入试管内而不打破试管底，应如何操作？应用什么仪器取用？（2）如何将碳酸钠粉末放入试管内而不沾在试管壁上？应使用什么仪器？

注意指导学生，注重培养学生实验操作的规范性，让学生互教互学，鼓励学生大胆动手实验，学会分析实验成与败的原因。

3. 观察药品，关注药品的性质：阅读教材第14~15页，交流、讨论，得出正确的操作方法。

4. 实验探究：（1）用镊子夹取一块大理石放入试管中，并将试管放在试管架上。（2）用药匙取少量碳酸钠粉末放入试管中，并将试管放在试管架上。

5. 交流与讨论：对实验成败进行总结。

【课题2】液体药品的取用

1. 展示药品：稀盐酸。

2. 提出问题：（1）回忆日常生活中，我们是如何将一种饮料从瓶子倒到杯子中而不滴洒？（2）如何将稀盐酸倒入试管内？

3. 练习与实践：（1）细口瓶的瓶塞为什么要倒放在桌子上？倾倒液体时，瓶口为什么要紧挨着试管口？应快速倒还是缓慢地倒？（2）细口瓶倾倒时，为什么细口瓶贴标签的一面要朝向手心？倾倒液体后，为什么要立即盖紧瓶塞，并把瓶子放回原处？

4. 观察药品。

5. 联想与启示：回忆日常生活经验，交流与讨论，结合教材第15页液体的倾倒，得出液体取用的方法。

6. 实验探究：将少量稀盐酸倒入试管中，并将试管放在试管架上。

7. 交流与讨论：通过交流、讨论形成认识，对实验成败进行总结，完成练习……①

实验式教学使学生在实际操作和观察中获得更深入的学习体验，加深对科学概念和原理的理解。同时，教学也培养了学生的实验设计、数据分析、问题解决等实践能力和科学思维，为他们在学科领域的学习和职业发展奠定了坚实基础。

研磨能够帮助教师更好地选择和优化教学方法，除了以上的案例教学方法，还有演示法、教学法、研讨式教学法等。教师可以合理组合，创造出多样化、互动性和具有挑战性的教学环境，解决教学中的问题，提高教学效果。同时，研磨确定教学方法也需要教师具备一定的研究和分析能力，不断提升自身的教学素养和专业水平，不断完善自身的教学实践，为学生的全面发展和成长做出更大的贡献。

主题 2

研磨学习方法的引导

陶行知说："好的先生不是教书，不是教学生，而是教学生学。"教师必须认识到，学习方法的传授远重于知识的传授。学习方法是影响学生学习效果的关键因素之一。不同的学习方法对学生的学习效果和学习体验产生着显著影响。而

---

① 初中化学教案：走进化学实验室. 微信公众号：爱唔课堂.

研磨学习方法的引导旨在帮助学生掌握科学、高效的学习方法，不仅能够提高学习效果，还能培养学生的自主学习能力和创新思维。

一、学习方法及种类

学习方法是指在学生在学习过程中采用的特定策略、技巧和方法，旨在帮助学生更有效地获取、理解和应用知识。学习方法是学习者面对学习任务时，根据自身需求、条件选择和运用的工具和手段，包括学习前的准备、学习过程中的活动及学习后的反思和巩固。学习方法可以是一系列有组织的步骤、技巧和策略，也可以是个人根据经验和个性化需求所形成的学习方式。

1. 预习法

预习法是在正式学习前对学习材料进行预研和预习，以提前了解内容和培养学习兴趣。这种方法可以帮助学生在正式学习时更好地理解和消化知识，提高学习效果。

2. 图表和图像辅助记忆法

这是一种利用图表和图像来辅助记忆和理解的学习策略。通过可视化的方式呈现信息和知识，帮助学生更好地组织和记忆学习内容。这种方法可以提高记忆效果，加深学生对概念和关系的理解，以及对信息的长期记忆。

3. 自主探究学习法

这是一种强调学生主动参与、自我发现和自主学习的学习方式，鼓励学生提出问题，研究、分析和解决问题。

4. 分类对比学习法

这是一种通过比较和对比不同对象、事物或概念之间的相似性和差异性来加深理解的学习策略。帮助学生识别相同点和不同点，发现模式和规律，从而更好地理解和记忆知识。

5. 学记思结合学习法

这是一个综合性的学习策略，将学习、记忆、思考相结合，促进学生深入理解和形成持久记忆。强调主动参与、思考问题和系统总结，以提高学习效果和发展学习能力。

6. 反思和总结方法

这是在学习活动结束后对学习过程和成果进行思考和总结。总结自己的学习经验，吸取经验教训和反思不足之处。

二、多角度引导学习方法

丰富多样的学习方法为我们提供了多种选择，可以根据不同的学习目标和个人特点灵活运用。教师通过指导学生的学习活动，帮助他们有效地运用学习方法，提高学习效果。

1. 引导有效课前预习，培养学生的自学能力

课前预习是一种重要的学习方法，通过在课程开始之前对相关内容进行预习，学生可以在课堂上更好地理解和吸收知识，提高学习效率。然而，许多学生在面对课前预习时缺乏主动性和有效的方法，导致预习效果不佳。因此，引导学生课前预习并培养他们的自主学习能力成为一项重要的任务。

一、初步积累字词，为课堂教学奠基

在小学语文六年级上册《我的伯父鲁迅先生》一课的教学前，教师可以为学生布置字词积累方面的课前预习任务。这篇文章中的字词有很多，如"窘相""囫囵吞枣""张冠李戴""北风怒号""恍然大悟""牛毛细雨"等，做好字词的语言输入，以减缓学生的课堂学习压力，为学生在课堂上的语言输出提供很好的条件。

为了避免学生在自主预习环节感到枯燥乏味，教师可以让学生展开联想，通过创编一段话将字词有效联系起来，帮助学生提高知识运用的能力，为提升其阅读与写作能力打下基础。

二、初步感知文本，为精读做好准备

在小学语文六年级下册《卖火柴的小女孩》一课的教学前，教师可以让学生在课前针对这篇课文进行感受性的阅读，在初步感知这一文本内容的同时标

记出让自己感受深刻的语句，并根据自己的理解做注释，以提高精读学习能力。

例如，有的学生在课文上将"她不敢回家，因为她没卖掉一根火柴，没挣到一个钱，爸爸一定会打她的"这些话语圈了出来，并做了批注："她的爸爸过于注重利益，不注重亲情，要不然为什么会在大年夜还让她去卖火柴呢？"这样的方法可以让学生自主地在阅读的过程中形成自己的独特感受，便于他们在教师的指导下进行精细化阅读，挖掘到更深层次的内容，培养自主预习能力和自主阅读能力。

三、结合重点内容，展开针对性预习

以小学语文五年级上册《窃读记》为例，教师可以设置以下学习内容：（1）"我"要窃读的原因是什么？（2）"我"是如何窃读的？（3）"我"的人物形象是怎样的？（4）你从中领悟到了哪些道理？借助于有重点内容指导的针对性预习活动增强学生自主预习的自信心，使之更积极地配合教师的教学行为，甚至会与教师进行有效互动，进而发挥提高其学习动力、提高其自主学习能力等积极作用，让自主预习真正落实到位，缓解学习压力，使之保持轻松愉悦的学习状态，促使其形成健康的学习心理，提升其语文素养和语文学习能力。[1]

案例中教师制订合理的课前预习方案，让学生在课前进行初步的字词累积、文本感知，并结合重点内容进行有针对性的预习，课前预习不仅能够激发学生的学习兴趣，建立学习框架，还能帮助他们主动发现和解决问题，培养他们自主学习能力和学习习惯。

2. 引导使用图表和图像辅助记忆，培养解读能力

引导学生有效地理解和运用图表、图像在学习中的作用至关重要。通过培养学生对图像的敏感性和解读能力，使他们能够更好地理解图像传递的信息，提升学习效果，并在各个学科中灵活应用图表、图像。

---

[1] 杨田文. 小学语文高年级学生课前预习的价值思索. 微信公众号：甘肃教师学苑.

专题五 研磨教学模式，提升理论高度

某地理教师在教学世界洋流的分布时结合"世界洋流的分布图"引导学生记忆和学习相关的内容。

第一步：读图分析。

让学生在读图过程中，将图中各洋流系统逐次认清楚并了解它们的分布。为此，针对各洋流系统分布的学习，这位教师设计了相关的互动学习问题：

（1）找出四大洋，并将有完整洋流环流系统的大洋读出来；

（2）按南北半球划分，分别读出各海区的洋流系统。

学生通过读图，知道了太平洋可分为北太平洋和南太平洋，以赤道为起点，按环流流向（箭头所指的方向），先依次读出北太平洋的洋流系统，再读南太平洋的洋流系统，其他各大洋均是如此。在读图的基础上，学生提出如下问题：寒、暖流如何分布？中低纬大洋东岸是寒流还是暖流？大洋西岸呢？中高纬大洋东岸是寒流还是暖流？大洋西岸呢？当学生读出这些问题后，由教师总结：由此可见，洋流的分布是有规律的。有什么规律？北半球中低纬度海区洋流是什么方向？中高纬度的环流是什么方向？南半球的环流是什么方向？

按照以上步骤，学生通过自己的努力，较轻松地将洋流的分布规律总结出来，印象也比教师单纯地讲解要深刻得多。

第二步：分析、识别地图。

在这一步中，这位教师引导学生先提出问题，继而针对问题运用图表进行分析。比如在学"'理想大陆'自然带分布图"时，这位教师先引导学生读出自然带分布规律后，然后提出问题：理想大陆基本上排除了地形因素的干扰，其自然带分布只有纬度地带性和经度地带性，应是规则的分布，为什么从图上看并不规则呢？为了利于学生联系此前所学的知识，教师又将问题进行了分解：热带雨林带为什么在大陆东岸南北延伸？——联系风带、风向、洋流等因素。热带沙漠带为何只分布在回归线附近大陆的西岸及内陆，而在东岸没有分布？亚寒带针叶林带的南界为何在大陆东岸分布偏南？亚寒带针叶林带为何在南半球没有分布？——从纬度位置和海陆分布因素分析。就这样，学生在完成上面的学习后，就能较顺利地联系已学过的地理知识，运用地图解决问题了。①

---

① 陈桂萍. 浅谈中学地理教学中引导学生掌握学习的方法 [J]. 学园，2013 (7).

上述案例地理课堂教学中，教师引导学生借助地图工具解决问题，并将地图教学贯穿于整个地理教学过程中，这种方法对于理解较抽象的地理知识和区域地理是最直接有效的工具。通过提高学生的读图和用图技能，帮助他们将所学知识实际应用于地图，促进地理学科知识的巩固和提升。

3. 引导主动探究，提升自主性

主动探究是一种强调学生参与、自主学习的学习方法，通过鼓励学生主动提出问题、探索解决方案和构建知识体系，培养学生的思维能力和自主学习能力。在传统的教学模式中，学生往往只是被动地接受知识，而缺乏主动思考和积极探索的机会。然而，随着社会的发展和知识的爆炸式增长，培养学生的主动探究能力成为一项重要的任务。

"物体分类"是北师大版第一册数学的内容，要求学生对长方体、正方体、圆柱、球有一定的感性认识，知道这些几何体的名称并能识别。

教学过程和设计意图如下。

1. 创设情境：师生谈话，讨论如何记住一个人的样子？（创设这样的情境引起学生的注意，调动学生的学习积极性，学生个个都细心地观察同桌和其他同学的外貌特征，这样使学生明白要解决的问题。每当学生说出一个人的一点儿特征，教师都用鼓励性的语言进行评价，如你观察得很认真很细心。这样一来，学生就会有愉快的心情。）

2. 把各种物体形状分类（电脑演示：各种形状的物体）。

先在小组里讨论，再按照讨论得出的方法分一分桌面上的物体。

A. 把你分物体的依据在组里说一说。

B. 比一比哪组想出的方法多？（教师首先把探究新知识的主动权交给学生，充分发挥学生的自主学习能力，允许学生有不同的分类方法，然后展开小组合作学习，使每一个学生主动地投入学习中，充分发挥小组合作学习的作用。这样，学生通过互相评价，学会互相帮助、互相交流，学会与人合作。）

3. 认识长方体和正方体。

师：准备一个袋子，里面装有各种形状的物体，在袋子里摸长方体，说形状

"长长的、方方的是什么呢?"让学生猜一猜，并把形状相同的物体从桌面上举起来。学生找到后，教师出示长方体，请学生仔细地观察这个物体，摸一摸、想一想它有什么特点? 能给它起个名字吗? 在小组里说一说。

学生讨论长方体形状的特点并反馈。

师:（举起正方体）它的形状和刚才认识的长方体是不是完全相同? 哪里不同? 找出来再给它起个名字。

学生讨论正方体的形状特点并反馈（电脑演示长方体、正方体的形状特点）。

师:出示长方体、正方体的图形让学生辨认并贴在黑板上。

判断下列物体哪些是长方体，哪些是正方体（电脑演示）。①

在这个案例中，通过各种形式的小组活动，学生获得了观察、操作、讨论的机会，在看一看、摸一摸、想一想、说一说的活动中，每个人充分发表自己的意见，切实感受物体的形状，发展空间观念，养成主动探索新知识和合作学习的习惯。在反馈评议中，小组的代表汇报其探究成果，组内其他学生补充想法、思路。而在小组组长汇报时，其他学生的互评使每个学生都能够在课堂中大胆发言，主动探索学习方法。

4. 引导分类对比，培养思维的逻辑性

分类对比是一种重要的学习方法，通过将事物归类、比较和对比，帮助学生厘清思路，培养思维的逻辑性和分析能力。在学习和解决问题的过程中，分类对比能够帮助学生发现事物之间的相似之处和差异，进而从中获取深刻的理解和洞察。下述案例通过分类对比引导，助力学生能够更有条理地组织和整合知识，提高逻辑思维能力和问题解决能力。

某化学教师在教学中，采用对比方法引导学生学习，找到科学的学习方法。比如，学习碳在空气中燃烧生成怎样的产物时，这位教师通过对比以下①②两个化学方程式，引导学生学会学习:

---

① 牛有梅，牛菊梅. 引导学生主动探究学习方法——"物体分类"评价案例分析［J］. 小学教学设计：理解版，2003（9）.

①$2C+O_2 \xrightarrow{\text{点燃}} 2CO$

②$C+O_2 \xrightarrow{\text{点燃}} CO_2$

③$2H_2S+O_2 \xrightarrow{\text{点燃}} 2S+2H_2O$

④$2H_2S+3O_2 \xrightarrow{\text{点燃}} 2SO_2+2H_2O$

经过这样的对比，学生自然得出结论：碳在 O_2 充足的条件下生成无毒的 CO_2，在 O_2 不足的条件下生成有毒的 CO；同时采用联想的方法对③、④两个方程式进行对比，得出相似的结论。①

5. 引导"学""记""思"结合，提升学生的综合能力

在学习的过程中，学、记、思是 3 个不可或缺的环节，它们相互关联、相互促进，是高效学习的关键要素。将学习与记忆和思考相结合，可以深化对知识的理解和应用。学生在学习过程中将学、记、思结合应用，能够主动积极地参与思考、加深记忆，拓展知识深度，提高学习的质量。

某教师在教学《变色龙》一课时，考虑到这一单元围绕"人物画廊"这一中心，选编了 4 篇中外小说。学习目标包括以下 3 个方面：

1. 梳理小说情节，关注其中的人物形象，在此基础上，了解作品中折射的世态人情和时代风貌，理解小说主题，感受作品的社会意义。

2. 学习课文刻画人物的手法，通过比较阅读的方式，体会不同风格的小说写人手法的异同，增进对小说这一文学载体的了解。

3. 品味欣赏小说的语言，把握小说的不同风格，提高文学鉴赏力。

于是在上课时，这位教师根据单元目标和教学重难点，将这一课的核心问题设置为随着狗主人身份的变化，梳理奥楚蔑洛夫的态度也不断变化的过程，把握小说内容，探究小说主旨。在核心问题的引导下，这位教师设置了围绕核心问题的教学问题链。

问题1：请同学们快速浏览课文，用一个字来概括文章内容。

---

① 陈建华. 注重学习方法引导，培养学生思维能力 [J]. 新课程学习（下），2014（11）.

通过这个问题的设置，让学生快速阅读把握文章的大概内容，大多数学生能把握"变"字。在"变"的基础上去梳理文章内容，学生更容易做到。

问题2：文中随着"狗的主人是谁"的猜测不断改变，奥楚蔑洛夫的态度发生了5次变化。请同学跳读课文，根据课文内容完成图表。

完成图表其实是对语段、文段的概括和压缩。学生根据一个框里的内容依样画葫芦，找关键词句进行概括。此时，教学已经围绕核心问题展开，在梳理情节的时候，学生们发现了奥楚蔑洛夫态度的变化，他的态度变化是通过对他的描写展现出来的，而且小说三要素中的核心要素是人物，通过典型人物来反映社会现象。奥楚蔑洛夫在文中展现的性格特征就是这个社会中某类人的性格特征，是某个特定社会现实的真实反映。

问题3：在这些变化过程中，你认识了一个怎样的奥楚蔑洛夫？

分析人物形象就是解决核心问题的重要环节。分析完人物来探究"变化"的原因，学生在分析人物性格的基础上来探究这个问题就显得容易得多。"变化"与"不变化"是相对应的，所以设置这个问题是再次强调"变化"的原因，让学生更清晰地理解奥楚蔑洛夫变的是态度，不变的是"媚上欺下"的本质。

问题4：作者契诃夫写这件生活中的小事的目的是什么呢？

这一问题就是探讨小说的主旨。这是小说阅读的最终目的，所以放在这里也是循序渐进、水到渠成的结果。[1]

案例中，教师根据教学目标确定核心问题，并针对核心问题设置问题链，引导学生思考，加深对知识的记忆，掌握课程内容，将"学""思""记"相结合。这种教学方法能够引发学生对知识的向往与追求，从而在学习中陶冶情操，养成独立的思维体系。

6.引导反思和总结，增强学生的复习记忆能力

反思和总结是学习过程中至关重要的环节，它能帮助学生从经验中汲取教训、发现问题并寻找解决方案，从而提高学习效果促进个人成长。引导学生反思

[1] 刘朝甫. 学·思 | 问题驱动，学思结合——北京师范大学贵阳附属中学 2021 年 3 月"学思课堂"研讨课活动. 微信公众号：北师大贵阳附中.

和总结，培养学生自我观察、自我评价和自我调整的能力，帮助他们更加有效地利用学习经验提升学习效率。

师：通过本节课的学习，同学们都有哪些收获？

生1：进一步了解了平行四边形的定义，还学习了对边相等、对角相等两条性质。

生2：学习了证线段相等、角相等的两种新方法。

师：好样的，总结到了方法的层面。

生3：今天我进一步了解了转化思想解决问题时，要善于将新问题转化为旧问题进行解决。

师：更好！上升到了思想的层面。

生4：我们是类比三角形而学习的四边形，了解了本章要学习的主要内容。

师：非常好！类比旧知学习新知是数学学习的基本策略。

配合多媒体展示，教师总评：①平行四边形的定义、性质；②证明平行、线段相等、角相等的新方法；③本章的研究思路；④类比思想、转化思想等。①

在这一案例中，教师引导学生归纳本节课的知识要点和思想方法，使学生在对平行四边形的概念、相关性质有一个整体、全面认识的同时，培养学生的归纳总结能力与反思意识，促使他们形成良好学习习惯。

研磨学习方法的引导在学生的学习过程中具有重要的意义和作用。通过引导学生探索和实践不同的学习方法，学生能够更好地选择和优化适合自己的学习方法，提高学习效率和学习质量。教师在引导学生时可以提供多样化的学习方法，培养学生的学习策略，并鼓励学生进行反思和自主探索。通过实践案例的分析，可以看出研磨学习方法的引导对于学生的学习成长和发展起到了积极的推动作用。因此，教师应该重视研磨学习方法的引导，促进学生全面发展，提升学习效率。

---

① 王用华，李海东. 重视学习方法的引导 上好章节起始课——"平行四边形及其性质"教学实录与评析 [J]. 中国数学教育：初中版，2012（10）.

主题 3

研磨教学活动的组织与实施

在研磨教学模式中，研磨教学活动的组织与实施是关键环节，不仅可以促进教师之间的沟通与协作，还有助于教师深入研究教学内容、探索教学方法，提升教学的理论高度和实践水平。通过合理组织和有效实施，助推研磨活动达到预期的效果。

一、正确认识教学活动

一个好的教学活动，能够让学生获得知识、发展技能，并激发他们对学习的自信与兴趣。因此，作为教师，首先要正确认识教学活动，全面理解教学活动的概念、类型及注意的方向。

1. 教学活动的概念

教学活动是指教师在教学过程中，为达到教学目标而安排的一系列活动和任务。它涵盖教学的各个环节和内容，包括教学设计、教学准备、教学实施和教学评估等。教学活动可以通过多种方式来进行，例如讲授、示范、讨论、实验、小组活动、角色扮演等。这些活动旨在激发学生的兴趣、提供学习机会、促进知识的理解和应用，并培养学习者的思维能力、合作能力和创造力。教学活动的设计和实施应根据教学目标、学生特点和教学内容进行调整和优化，以达到最佳的教学效果。

奇思妙想 动手体验——英语课橡皮泥手工

Eating out 这节课，我曾用幻灯片、图片和实物做教具。打印图片见得多了学生会失去新鲜感，汉堡实物成本又高。于是，我突发奇想，用橡皮泥制作汉堡快餐。导入新课时，我当着全班同学的面用白色橡皮泥做饺子皮儿，娴熟地包好一盘饺子。看着雪白逼真的饺子，孩子们摩拳擦掌，立刻动手做起热狗、薯条等食物。

"What can you make?""I can make a bowl of noodles / a hot dog."一边做着，一边说着。不一会儿，一碗碗牛肉面、一盘盘饺子、一盒盒汉堡、一包包薯条、一块块蛋糕、一个个热狗……就这样色彩缤纷地堆满讲桌。真的麦当劳盒子里装着橡皮泥制作的假食物，小朋友们三五成群地到"快乐餐厅"点菜，服务生满面春风地托着盘子上菜。学生们捏橡皮泥捏得开开心心，假食物"吃"得津津有味，孩子们表演得栩栩如生，教室里顿时弥漫着轻松愉悦的学习气氛。[①]

案例中的教师为了让学生感受英语的魅力，运用体验教学活动，使英语课堂充满生活化，引领学生从视觉认知到实际操作，最大限度地激发了学生的学习积极性，使其享受课堂的乐趣。

2. 教学活动的类型

教学活动的类型是教师在教学过程中所采用的各种不同形式和方法。通过选择合适的教学活动类型，教师能够更好地满足学生的学习需求，促进他们的参与和理解。教学活动的类型多种多样，可以根据教学目标、合作形式、教学策略和学科类型等不同分类方式进行划分。每种类型都有其独特的特点和适用场景，教师可以根据具体情况灵活运用，提高教学效果和学生的学习成效。

（1）按照教学目标划分

掌握型活动：旨在帮助学生掌握和记忆知识，如讲授、复习、背诵等。

理解型活动：旨在培养学生对知识的理解和应用能力，如讲解、演示、讨论、解答问题等。

应用型活动：旨在帮助学生将所学知识应用于实际情境，如解决问题、实验、案例分析等。

创新型活动：旨在培养学生的创造力和创新思维，如研究项目、发明设计、创作表演等。

---

① 刘利君. 4个课堂教学小案例，带你实践课堂活动教学!. 微信公众号：明师俱乐部.

（2）按照合作形式划分

个人活动：学生个别完成的活动，如阅读、写作、个案辅导等。

小组活动：学生小组合作完成的活动，如小组讨论、合作项目等。

全班活动：整个班级一起进行的活动，如集体讨论、班会、活动展示等。

（3）按照教学策略划分

讲授活动：教师向学生传授知识和技能，如讲解、演示、示范等。

互动活动：教师与学生之间相互交流和互动，如问答、讨论、问题解决等。

实践活动：学生进行实际操作和实践，如实验、观察、实地考察等。

评价活动：对学生学习情况进行评价和反馈，如作业、考试、评估等。

（4）按照学科类型划分

语言类活动：如阅读、写作、口语表达、听力训练等。

数学类活动：如数学计算、问题解决、几何推理、数学建模等。

自然科学类活动：如实验探究、科学观察、科学论文阅读等。

社会科学类活动：如历史分析、地理考察、案例研究、社会调查等。

艺术类活动：如绘画、音乐演奏、舞蹈创作、戏剧表演等。

在具体教学中，教师可以根据学科特点、教学目标和学生的需求，选择适合的教学活动类型，以提高学生的学习效果和兴趣。这些教学活动可以根据学科特点、学生的年级和需要进行灵活组合和调整，以满足不同学生的学习需求，提高教学效果。

3. 组织与实施教学活动的注意要点

首先，要走出对活动的认识误区。有些教师对"教学活动"存在认识误区，他们将"教学活动"和"活动教学"等同起来，片面地认为只有实验、讨论、练习等才算是教学活动，这种观念是一种过于强调"动"的思维方式，即只有学生积极参与才能称为教学活动，这是不可取的。教学活动是指所有与教学相关的活动，包括行动、思维、视觉和听觉等各个方面。

其次，要转变观念。新课程教学要求教师注重学生核心素养及能力的培养，与学生积极互动，重点培养学生的独立性和自主性，引导他们通过实践和体验来学习。所以设计和组织课堂教学要强调学习过程、学习指导和个性化教学，实现由重"教"向重"学"转变，由重"教学结果"向重"学习过程"转变。

最后，要提倡新的学习方式。在我国基础教育中，学生大多为接受学习、死记硬背。新课程强调转变学生的学习方式，其中包括自主学习、合作学习和探究学习。

二、研磨教学活动的组织与实施

教学活动是指教师为达到教学目标而有意安排的一系列活动与任务，而活动的组织与实施的步骤则是教师在教学中进行活动设计、任务选择、实施引导的过程。正确认识教学活动的重要性后，教师应深入了解活动的组织与实施的步骤，以确保教学活动的顺利开展和学生的有效参与。

1. 研磨教学活动的目的

明确教学活动的目的对于教学活动的有效性和学生学习的质量具有关键性影响。通过明确教学活动的目的，教师能够清楚地了解自己想要学生在知识、能力或态度方面达到什么标准，并为此设计出相应的活动内容和任务。同时，教学活动的目的也能为学生提供明确的学习目标，激发他们的学习积极性，提高参与度。

一、活动目标

1. 让学生掌握词组：taking photos，watching insects，collecting stamps，growing flowers catching butterflies etc.

2. 使学生学会用 what's your hobby? I like doing... 句型来询问他人喜欢做什么。

二、活动过程

step 1：warm-up

……

step 2：presentation

1. T：let's go out for a picnic todaylook！把图片依次贴在黑板上，并依次描述图片，在不知不觉中把学生引入野营的情境中。

2.（1）通过图片导入名词 butterfly，butterflies，再加入词组 catch butterflies，最后带出句型 icatching butterflies.（说明可以用手抓，也可以用捕虫网抓蝴蝶）

（2）通过照片、图片导入动词词组 taking photos。用同上方法引出词组：watching insects、collecting stamps、growing flowers、catching butterflies

step 3：let's play

1. 小组竞赛：询问学生黑板上图片的名称，并让学生将其归类，当学生挑出单词：bee，ant，butterfly 时，教师说 Yes，they're insects. 导出新词 insect，insects。再通过把放大镜放在昆虫的图片上观察，引出词组 watching insects。

2. 滚雪球。例如：（1）呈现邮票的图片，第一个学生说出单词 stamp，stamps；（2）第二个学生说出词组 collect stamps；（3）第三个学生说出句子：I like collecting stamps.

3. I don't believe you：（1）利用学生手中的一套词汇卡片进行类似扑克牌中"吹牛"的活动。（2）A 打出一张牌，说：he/she likes taking photos. 如果 B 相信，就也打出一张牌说：he/she likes taking photos. 如果 B 不相信就说：I don't believe you. 然后翻开 A 的牌，如果 A 说的是真的，翻牌者就把牌拿回去；如果 A 说的是假的，则 A 把牌拿回去。把卡片打完的或卡片较少的为胜。

4. 抢答：四人为一组，一人做动作，其他三人抢答其做的动作，做动作的人做裁判，看谁先答对就奖励一张卡片。最后比一比卡片数并念一念卡片。①

上述案例是五年级 Unit 3 hobbies 的课堂教学活动节选。这些教学活动是围绕着相应的活动目的"引导学生掌握词组""学会用 what's your hobby like doing 这一句型"展开的，目的是激发学生的学习兴趣。

2. 确定教学活动的方式

教学活动的方式决定了教师与学生之间的互动方式、教学资源的利用方式以及学生参与学习的方式。合理选择教学活动的方式可以促进知识的传授和学生的主动参与。教师可以根据不同的学习目标和学生的特点选择合适的教学方式，如讲授、讨论、实验、小组合作等，以更好地达到教学目的和激发学生的学习兴趣。

---

① 第一范文网，https://www.diyifanwen.com/jiaoan/xiaoxuewunianjiyingyujiaoan/752237.html.

学习《黄河颂》时，可以组织学生以小组为单位进行朗诵比赛。在比赛之前，只需要做诗歌创作背景的介绍、小组的分组和朗诵技巧的提示：如词与词之间的停顿、段与段之间的停顿，重读的强调作用，反复的强调作用，语调的变换、节奏的缓急对表达情感的作用等，接下来就完全可以交给学生主动准备了。学生们在准备朗诵比赛的过程中，对诗歌的层次划分、内容理解、情感把握都会水到渠成，并且在设计朗读形式（如领读、齐读、分读、反复读、读唱结合、动作等）的过程中不断深化。而且由于采用了小组比赛的形式，学生的积极性会被最大限度地调动起来。最后，当朗诵比赛在雄壮的配乐下进行时，全班学生都能以最饱满的激情、最庄重的仪态，将华夏儿女对黄河母亲的赞颂之情、将我们从黄河身上汲取的伟大坚强的精神、将保卫祖国的坚定信心，通过自己的声音展示出来。这样的形式会在学生心中掀起一轮又一轮的情感高潮。同时，学生在朗诵中也会体会到呼号、反复的修辞、短句的言语形式对表达这种激昂的情感的重要性。①

上述案例是语文教学听说活动中的诵读类教学活动，以小组合作和比赛的方式进行，通过这种互动的方式，能够更好地熏陶和感染学生，相较于传统的教师单一讲解或者一问一答的对话活动，这种方式的效果要好得多。

3.优化教学活动导入

导入是课堂教学的起始环节，精彩而有效的导入不仅能够引发学生的学习兴趣，激发他们的好奇心，还可以为接下来的知识传授奠定一个良好的基础，通过创造性的引入和与学生的互动，我们可以使导入环节成为激发学生思考、激发学习动力和鞭策学生积极参与的精彩过程，在课堂导入时，教师要贴近本课内容，选用学生熟悉的、贴近生活的案例。

在五年级"最小公倍数的认识"教学中采用情境式导入法。

上课伊始，首先让大家做个数学游戏，先让大家推选出 8 名学生进行比赛，把写着数字 10、12、30、45、72、95、111、2000 的 8 张卡片分别发给他们，然后按照 3 的倍数和 5 的倍数请 8 名学生在 10 秒内分别站到相应的位置上。

---

① 李欢. 新课程背景下初中语文课堂教学活动的设计与实施研究［D］. 西安：陕西师范大学，2015.

讨论：45 和 30 该站在哪里？教师随即抓住矛盾的主要方面进行提问：像这样既能被 3 整除又能被 5 整除的数还有吗？其中最小的一个数是几？（学生举例）像这样的数你准备给它取个什么名字呢？引出公倍数和最小公倍数。最后通过提问激发探索的主体：3 和 5 的公倍数和最小公倍数我们已经找出来了，你想找到其他数的最小公倍数吗？该怎么找呢？接下来我们继续探讨研究。不用说，在这种问题情境中，学生经历了紧张而又激烈的活动过程后，心里一定会充满着积极的情感体验，这种积极的情感体验一定会促使学生带着好奇，带着进一步探索知识的渴望，迫不及待、专心致志地投入后续学习中。①

案例采用情境导入法，通过游戏比赛的方式让学生积极参与课堂，这种导入方式能够激发学生的学习兴趣和主动性，提高他们对知识的记忆和理解，使学生在轻松愉快的氛围中全身心地投入课堂学习。

4. 探究教学活动过程

教学活动的实施是教师将教学方案转化为具体的课堂实践的过程。在教学活动实施中，教师需要运用教学方法和策略，以及利用教学资源与教具，与学生进行互动和指导。同时，教师还需要注重课堂管理，为学生创造和谐、积极的学习氛围，使学生能够全身心地参与到教学活动中。因此，教学活动的实施是将教学设计转化为实际课堂教学的关键步骤，它要求教师具备良好的教学技能和管理能力，并注重与学生的互动与沟通，以达到有效教学的目标。

"小桥、流水、森林"和"高山、大海、江河"都隶属于"欣赏·评述"领域，是组成四年级下册美术教科书第一单元的两节课。本单元强调的是"人与自然"的教学主题，帮助学生体会人与自然和谐统一的切实感受。教学重点在于引导学生细细领会美术作品中丰富的情感内涵，并通过口头表述等方式表达自己对于课文中的美术作品的感受。

---

① 蓝蓉芳. 情境·体验·发展——谈《小学数学课堂教学活动方式的构建》［J］. 数学学习与研究（教研版），2009（2）.

环节一：PPT 呈现学生所熟悉的动画片卡通形象

提供描述方法——看、说、指，让学生用关键词形容卡通形象吸引自己的特点是什么。

【设计意图】培养学生图像识读的能力与审美感受，并能用关键词来准确表达。能够用语言来评述自己对外界事物产生相关认知的线索或者理由，为本课后续的深入欣赏奠定基础。

环节二：总结观察

引导学生总结出观察事物获得感受的两种方法，即"说印象""找方法"，并观察《松林里的早晨》《蛙声十里出山泉》，验证方法的准确性。

【设计意图】为下一步深入观察和欣赏艺术家的作品，结合《蛙声十里出山泉》《松林里的早晨》《绿色的种着睡莲的池塘》《北山初雪》4 幅作品所搭配的四段音乐，为进一步细化对艺术家作品的整体认知打下基础。

环节三：阶段小结

以思维导图的方式对之前的教学内容进行阶段性小结。

【设计意图】帮助学生梳理内容繁多的相关知识与技能，使之在头脑里形成一棵有关艺术欣赏的"知识树"，养成知识归纳的良好习惯。

环节四：欣赏分析

将本课主要的 4 幅作品进行编号，引导学生欣赏第四幅作品《北山初雪》的画面，并根据画面具体的表现元素（色彩、形态和构图等）进行观察，判断画面所表现的季节。

【设计意图】营造出一定的情境化教学氛围，为学生更加深入地观察、欣赏和进一步建构认知提供帮助。

环节五：强化认知

播放编号为 A、B、C、D 的 4 段音乐，学生根据自己对音乐旋律的感受，寻找与音乐相匹配的作品。

【设计意图】激发学生已有的经验和记忆，使之产生对 4 幅名画的强烈感受，加深对 4 幅名画的认知和理解。

环节六：梳理小结

引导学生将 4 幅名画按照类似或者接近的表现方式进行两两配对，同时以思维导图的方式第二次对本课教学知识点进行梳理和小结。

【设计意图】为对比教学（中国画与日本画的渊源、东西方绘画形式的对比等）做准备，帮助学生梳理知识点和建构认知的"知识树"。

环节七至环节九：中国画与日本画对比，写实风景画和印象派风格对比，不同风格中国油画对比。

【设计意图】让学生明白东西方文化以及绘画艺术的差异，同时了解中西方在文化艺术方面的交流和融合，彼此取长补短，起到相互促进的作用，实现共同发展。

环节十至环节十一：梳理小结

......①

5. 加强教学活动的总结和反思

教学活动反思是教师在教学结束后进行的一项重要工作，通过对教学活动的总结和反思，教师可以回顾整个教学过程，评估教学效果，并对未来的教学做出改进和调整，在教学活动的总结和反思中，教师可以对学生的学习情况进行梳理和总结，分析学生掌握知识的程度和成绩表现，以及他们在教学活动中遇到的困难和问题。同时，教师也可以反思自己的教学方法和策略，评估教学过程中的成功和不足之处，以及自身的教学风格和能力。

"同底数幂的乘法"教学反思

本课从"现实情境"出发，提出同底数幂的乘法的学习任务，再采用从具体到抽象的方法，从具体数字的运算中归纳出同底数幂的乘法运算法则。情境引入部分能够对学生进行爱国主义教育，这个情境应予保留；但只用此情境会显得数学味不浓，提出的问题并不能覆盖本章其他数学问题，不能有效培养学生发现问题、提出问题、分析问题、解决问题等"四能"。本课的情境引入若局限于"同底数幂的乘法"来设计，则未考虑覆盖全章其他内容，缺乏情境设计的系统性；而情境涉及的数学内容（含数学问题和数学知识）非常少，似与本章其他教学内容缺乏实质性联系，也不能发挥章节起始课的内在功效；由于缺少对全章

---

① 胡云.《小桥、流水、森林》教学案例［J］. 中国中小学美术，2022（11）.

数学知识的整体设计，不能达到"大单元教学"的效果。

在知识逻辑上，教师缺乏"整式的乘法"知识的系统构建，只是就本节内容来讲解，致使全章数学知识的系统性变弱；在认知逻辑上，学生对引入的问题情境感到突兀，不能自然地由情境生成本章的主要问题以及由这些主要问题生成本章主要知识，影响学生对数学本质的理解。

本节数学问题的提出、运算规则的发现以及它们是"如何想到的"讲得不够、讲得不透，没有讲出较浓的数学味；在教学活动中"教师示范，学生模仿"的比重较大，没有真正做到让学生经历问题的产生过程、运算法则的发现过程与证明过程；机械解题训练成为课堂主旋律，而大量题目又不能反映数学内容和思维的本质。①

案例中，教师对课堂教学活动时的情境导入环节进行了反思，认为情境导入时提出的问题并不能覆盖全章其他数学问题，而且缺乏情境设计的系统性和全章数学知识的整体设计。要创新情境引入环节，需采用"学科育人"与"学科树人"协同并进的创新设计。

研磨教学活动的组织与实施是教师教学工作中的关键环节。通过正确认识教学活动的概念和类型，教师能够更好地理解教学任务的本质和目标，有效地组织和实施各类教学活动。在活动组织与实施的步骤中，教师需要明确教学活动的目的，确定适合的教学方式，优化课堂教学导入，注重活动的实施过程。在活动实施过程中，教师应注重与学生的互动与指导，积极引导学生的学习，创造积极的学习氛围。最后，通过教学活动的总结与反思，教师可以评估教学的效果，总结教学经验，为今后的教学实践提供指导和借鉴。

---

① 程雪莲，杨霞，赵思林. 一堂"国培"数学课的教学反思及特点——以"同底数幂的乘法"教学课例为例［J］. 教育科学论坛，2023（10）.

专题六
研磨教学细节，更新教学思维

　　研磨教学细节能使教师更好地把握教学的关键环节，实现更高效、更有深度的教学效果。同时，教师需要打开思维的窗口，不断学习和吸收新的教学观念和方法，从而能够更好地与学生进行互动和交流。通过研磨教学细节和更新教学思维，教师能够提高自己的专业素养，提升学生的学习效果，为学生的成长和核心素养的培养提供更好的支持。

主题 1

研磨提问的有效性

提问在课堂中扮演着促进学生思维、激发学习兴趣和评估学习成果的关键角色，是教师最常用的教学工具之一，然而，并非所有提问都能有效地达到预期的教学效果。因此，研磨提问的有效性显得尤为重要，通过合理运用有效提问和不同类型的问题，巧妙地设计和精心选择提问方式，教师能够引导学生深入思考，激发学生的思维潜能。

一、提问的概念及类型

提问是教学过程中的重要一环，是一种教师与学生之间的互动方式。通过提出问题，教师可以引导学生思考和表达观点，同时也为学生提供了展示自己理解能力的机会。

1. 提问的概念

课堂提问是指教师在课堂上向学生提出问题，鼓励学生思考和参与讨论的一种教学策略和互动方式。通过采用不同的提问类型，引导学生思考关键问题、启发思维，帮助学生建立思维路径和知识结构。

2. 提问的类型

不同的提问方式会对学生的学习产生不同的影响，甚至在某种程度上决定着学生的学习效果。因此，明确提问的类型，依据教学要求和教学目标，选择科学的提问类型，对于课堂教学效果影响较大。

（1）知识性提问

这是指在教学过程中，教师向学生提出与课程内容和知识点相关的问题，以检查学生对所学知识的理解和记忆情况。这种提问旨在帮助学生巩固知识，激发思维，促进深入学习和理解。通过提问，教师可以了解学生对所学知识的理解程度，从而评估学生的学习进展和掌握程度。例如，"洋务运动的代表人物是谁?"
"水是由氢和氧两种元素构成的吗?""生物的生长主要使细胞数目增加和细胞长
大对吗?""计算机硬件基本组成部分有哪些?""三角形的计算公式是什么?"
"哈尔滨位于哪个省?""《西游记》的作者是谁?"①

（2）理解性提问

这是指在教学过程中，教师向学生提出旨在检查和促进对课程内容的理解的
问题。这种提问不仅仅是简单地回答和记忆知识点，而是要求学生深入思考、分
析和解释所学的概念、原理和关系。例如，理解相似多边形条件①各边对应成比
例；②各角对应相等的两个多边形叫作相似多边形。随后提问："如果没有条件
①或②，这两个多边形还是相似多边形吗？各举一例说明。"又如，讲完"夹在
两条平行线间的平行线段相等"后提问："如果没有'两条'或后面的'平行'，
结论还成立吗?"②

（3）应用性提问

这是指在教学过程中，教师向学生提出涉及将所学知识应用到实际情境或解
决问题的问题。这种提问旨在培养学生将所学知识与实际应用相结合的能力，促
进学生理解知识的实际价值和意义。例如，"用根毛吸水的原理来说明盐碱地为
什么不利于植物的生长?""施肥浓度为什么不宜过高?""在 Windows 环境下，
复制一个文件有几种方法？试举例说明。"③

（4）分析性提问

这是指在教学过程中，教师向学生提出需要他们进行深入思考、分析和评估
的问题。这种提问促使学生思考问题的多个方面，分析事物的因果关系、逻辑结
构、优缺点等，以推动他们形成批判性思维和问题解决能力。例如，"为什么说
五四运动是中国新民主主义革命的开端?""家鸽的结构是如何与它的飞翔生活
相适应的?""西安事变的原因是什么?"④

---

① 韩庆国.【辨析】课堂提问的类型. 微信公众号：韩庆国教师考试.
② 梅传喜，程书奇. 数学教学中课堂提问的类型. 南都学坛（自然科学版）第 19 卷，
1999 年第 6 期.
③ 韩庆国.【辨析】课堂提问的类型. 微信公众号：韩庆国教师考试.
④ 韩庆国.【辨析】课堂提问的类型. 微信公众号：韩庆国教师考试.

（5）综合性提问

这是指在教学过程中，教师向学生提出需要他们综合运用多个知识点、概念或技能进行分析、解决问题或进行综合评价的问题。这种提问要求学生将所学的知识进行组合、整合和应用，以创新方式处理信息，展示综合思维和学科能力。比如，α粒子散射实验的结果：大部分α粒子几乎不改变运动的方向；少数α粒子发生了运动方向的偏转；极个别α粒子被靶片反射回来。这些事实使我们对原子的构造有什么帮助？①

（6）评价性提问

这是指在教学过程中，教师向学生提出旨在评估他们的学习成果和理解程度的问题。这种提问旨在帮助教师了解学生对所学知识和技能的掌握情况，以便进行教学的进一步调整和反馈。比如，"有人说受教育机会的不平等是最严重的社会不公平。你是否同意？为什么？""你认为某同学的观点怎么样？""你认为这篇文章写得好在哪里？"②

二、有效提问的六大策略

教学中，有效的提问能够引导学生深入思考、积极参与和全面理解知识，教师可根据教学情况灵活组合运用提问的类型。然而，要实现这样的效果并不容易，需要教师准确掌握提问策略，并结合教学目标和学生的特点进行调整。

1.备课时精心设计问题

在备课过程中，教师需要考虑学生的背景和水平，以及教学目标和要求，灵活运用各种问题形式和层次，以提供多样化的学习机会和挑战，它直接关系到教学的有效性和课堂效果。

本课教学内容丰富，可以分为三课时进行，每一课时准备3~5个问题。在充分了解了学情、课本和教参的基础上，教师进行《背影》的课堂问题设计，可以围绕以下问题展开：

---

① 提问技能（含按认知水平分类——评价性提问/分析/综合性提问）. 微信公众号：物理课堂基元教学视频.

② 韩庆国.【辨析】课堂提问的类型. 微信公众号：韩庆国教师考试.

1. 本文题为《背影》，"背影"在文中的作用是什么？

2. 作者是怎样描写父亲的背影的？为什么要写得这么详细呢？

3. 文中"我"的情感有怎样的变化呢？这种变化的原因是什么？

4. 文中作者一共流泪了几次，分别是因为什么原因呢？

5. 父亲"本已说定不送我"却"终于决定还是自己送我去"。细读本段，谈谈你认为父亲的心理活动是怎样的？为什么？

6. 本文的构思巧妙在哪里？

7. 《背影》的语言是散文的典范。试以文中语句为例，加以赏析。

8. 文中的"我"自认为"聪明过分"，如何理解"过分"？

9. 你有过在长辈面前"聪明过分"的经历吗？和大家分享一下吧。

10. 自己很"聪明"，长辈很"迂腐"，大家觉得对吗？学完本文，你对这个问题有新想法吗？说出来与大家交流。

在以上的问题中，难度最大的是第六个问题："本文的构思巧妙在哪里？"这个问题应选取主动举手或思维能力较强的学生来回答。主动举手的学生已经有了初步思路，与思维能力较强的学生一样，能更快地对教师的引导做出反应并得出自己的答案。

难度适中的是第1、第2、第7个问题，关于文学形象和语言赏析的问题。对班上大部分学生而言，通过初步引导就能够得出这些问题的答案。因此，可以请班上能力适中但不爱举手的学生回答，锻炼这部分学生的分析和表达能力。

难度较低的是第3、第4、第5、第8、第9、第10个问题，这些属于理解型问题，学生通过仔细阅读课文和结合自身实际都能回答，可以请班上不活跃或很少回答问题的学生来回答，调动其学习积极性。[①]

案例中《背影》教学内容有3个课时，每课时准备3~5个问题，共10个问题，这些问题包括分析文章的构思、描写手法、情感变化、人物心理活动等方面，难度适中，适合学生思考和回答。其中，第6个问题难度最大，需要学生具备较强的分析和表达能力。针对不同难度的问题，可以选择不同能力水平的学生回答，以促进全体学生的参与和思考。

---

① 朱佩琪，李文浩. 有效提问在《背影》教学中的运用 [J]. 文学教育（上），2022（3）.

2. 提问与情景相结合

在教学中，给予学生一个明确的情景背景，通过提问让他们思考和解决问题，引导学生将所学知识和技能应用到实际生活中，提高学生学习的可应用性和实用性。

猴王为什么笑？

很多教师在讲解"商不变的性质"一课时，往往结合知识内容直指主题。首先出示一组算式，然后引导学生根据这组算式，按照一定的顺序进行观察。多数学生能够在教师的引导下，采用不同的顺序观察算式，进而对得到的结论进行归纳，最后得到商不变的性质。

吴老师独辟蹊径，上课伊始，就给学生讲了一个猴王分桃的故事。

有一天，猴王要给猴子们分桃子。猴王对两只小猴说："请你们把 6 个桃子平均分给 3 只猴子，然后按照这个标准把桃子分给群猴。"两只猴子听了，连喊太少太少。

猴王听了，接着说道："那就这样来分吧，把 60 个桃子平均分给 30 只小猴，然后再按照这个标准把桃子分给群猴吧！"小猴听了，想了想，接着对猴王说："大王，能不能再多给些？"猴王略作思考说道："这样吧，把 600 个桃子平均分给 300 只小猴，再按照这个标准把桃子分给群猴，这样总够了吧！"小猴子听了，高兴地笑了，连声说"谢谢大王，谢谢大王"，猴王也笑了。

同学们想一想，谁的笑是聪明的一笑？为什么？猴王笑的秘密是什么？

沉浸在故事中的学生被小猴、猴王的对话深深吸引。是啊，猴王为什么笑？这"笑"的背后隐藏着怎样的秘密？生动的情境引发出关键的问题。[①]

案例中的教师在教学活动时，通过引人入胜的故事，将提问与情景相结合。通过设计相关问题引导学生思考和参与讨论，使学生能够在具体的情景中运用所学知识，理解和应用的能力得到加强，提高学生的学习兴趣和积极性。

3. 提问与思维相结合

提问与思维相结合，可以引导学生运用不同的思维技巧和策略，从多个角度思考

---

① 吴正宪. 教师如何设计更有效的课堂提问?. 微信公众号：班主任智库.

问题，它能够促进学生的思维能力和智力发展，培养他们的分析、评估和判断能力。

一提到"方程"一课中应该渗透哪种数学思想方法，教师们会不约而同地说出模型思想。但如何让五年级的学生感受到模型思想，体会到每个方程都是一个模型，又是一道难题。

在陈千举老师的课上，就很好地诠释了这个困扰大家很久的难题。当学生经历了操作、分类等一系列活动，用自己的语言总结出"含有未知数的等式叫方程"时，陈老师并没有就此写出课题，而是指着"20 + x = 100"这个式子说："大家已经知道了什么是方程，谁能结合这个式子来说一件事，这件事要用这个方程来表示。"

一个男孩打破了短暂的沉默："妈妈带了100块钱去超市，花了一些钱后，兜里还有20块钱，这件事就能用这个方程来表示。"

"桌上有20块巧克力，把盒子里的一些巧克力倒在桌子上，桌子上就有100块巧克力了。"

"原来有20张纸，又拿来一些纸，就是100张纸了。"

学生们说得头头是道，听得津津有味，他们讲的一个个小故事都可以用同一个方程来表示。

在这节课上，学生们不仅能够用语言描述方程的意义，而且认识到只要数量关系相同，同一个方程式能够嵌入不同的情境中，感受到方程式的简单和强大。模型思想的种子在讲故事的过程中，不知不觉地在学生幼小的心里扎根了。[①]

案例中的教师通过提问引发学生思考，通过让学生经历操作、分类等活动，自主总结出"含有未知数的等式叫方程"的定义后，引导学生结合一个方程式讲述生活中的故事，让学生们认识到同一个方程式可以表示不同情境中的数量关系。这种教学方式让学生们感受到了方程的简单和强大，同时也让模型思想在学生心中悄然扎根。

4. 提问与追问相结合

通过提出有针对性的问题，并在学生回答后进行追问，教师可以引导学生深

---

① 吴正宪. 教师如何设计更有效的课堂提问?. 微信公众号：班主任智库.

入探索问题的本质，推动他们思考和理解更深层次的观点，进一步拓展学生的思维深度和思维广度，发现问题的内在联系和逻辑关系。

可能与不可能

在教"可能性"时，教师提问："同学们摸过奖吗？今天老师带了个摸奖箱，猜猜看，今天的奖品会是什么呢？""小玩具！""学习用品！"……学生们兴致勃勃地猜测着。"你们说的都有！"教师又接着说："如果哪位同学能从箱子里摸出一个蓝色的球，你就能获得一个笔记本作为奖品。"

第一个学生没中奖，第二个学生也没摸出蓝色的球。5个人摸完了，都没摸到！

教师若有所思地问道："都没中奖，今天同学们的运气可不太好哦！"学生有些急了："我们的运气不会这么差吧？您的箱子里是不是没有放蓝色的球啊？""大家也这么认为吗？"教师反问学生，很多学生表示赞同。

"让我们来看个究竟。"箱子里的球被倒了出来，有红球、黄球和绿球，真的没有蓝色的球！

"老师根本就不想我们中奖！"学生们吵嚷起来。

"噢，看来同学们有些情绪啊！说说看，为什么我不想让大家中奖呢？"

学生回答："您的盒子里根本就没有蓝色的球，却规定了摸到蓝色的球才能中奖，我们当然不可能中奖了。"

教师："怎样才能使同学们有获奖的机会呢？"

学生："在摸奖箱里放进蓝色的球就行了。"

教师："那就听同学们的，把这3个蓝色的球也放进去。"教师摇动摸奖箱后问："这次谁愿意上来试一试？"

一个学生应邀走到摸奖箱前，教师没有让他把手伸进去，而是向同学们抛出问题："请同学们预测一下，这位同学从箱子里摸出一个球来，肯定能中奖吗？"

"有可能中奖。"

"不一定中奖。"

"可能中奖，也可能不中奖。"

教师转向摸奖人，问道："你认为呢？"

"我当然希望中奖了，可是我也不确定。"

教师接着问："这次大家可是亲眼看见老师把蓝色的球放进去了，怎么还不确定？"

摸奖的学生说道："因为箱子里不仅有蓝色的球，还有其他颜色的球，所以我有可能中奖，也有可能不中奖。"

"说得太好了。同学们猜猜看，他会摸到一个什么颜色的球呢？"

"红的。""黄的。""蓝色。""绿的。""4 种颜色的球都有可能摸到。"

"我们只能用可能这个词来描述这次摸奖的结果了，是吗？"

学生们众口一词："是！"

教师板书了"可能"两个字。

教师将摸奖箱送到学生面前："来看看你的手气吧！"①

案例中教师在教学时创设了一个摸奖的情境，通过提问和追问的方式，引导学生理解"可能"和"不可能"的概念。教师先在箱子里放了红、黄、绿三种颜色的球，但没有蓝色的球，规定摸到蓝色的球才能中奖。由于箱子里没有蓝色的球，学生当然不可能中奖，教师通过这个问题让学生亲身体验了"不可能"的含义。然后，教师按照学生的建议在箱子里放了蓝色的球，并询问学生摸出的球是否肯定能中奖。学生们回答有可能中奖，也有可能不中奖，教师通过这个问题让学生理解了"可能"的含义。整个教学过程通过情境和追问的方式，帮助学生逐步理解"可能"和"不可能"的概念，提升了他们的思维层次。

5.提问面求广，关注全体

在教学提问中，教师常常倾向于提问容易回答的问题，或者只关注某些学生的回答，这可能会导致其他学生参与和思考机会的减少。教师提问要尽可能涵盖多个学生各个认知层次和不同观点，使每个学生都感到被重视和鼓励。

生11：在第3段。（读）同行老余是在边境地区生活过多年的人。正走着，他突然指着前面叫了起来："看，梨花！"（读得很认真）

师：嗯，还别说，读得挺好听的。你再来读读，或许能读得更好听。

生11：在教师的引导下读得更有感情，读出激动感。

---

① 吴正宪. 教师如何设计更有效的课堂提问?. 微信公众号：班主任智库.

师：你顺着我的手指！（做出一个手势动作）梨花就在那里！来，读。

生11：（顺着手指，读）：看，梨花！（声音轻）

师：哟，你再看句子的标点。"梨花"后边是个什么标点呢，同学们？（生说"感叹号"）好，现在你重新酝酿一下。我再请另一个被罚站的同学读一读。你想坐下，就要把这句话读好。

生12：（读）：看，梨花！（重读了"看""梨花"）

师：你看，你是"叫"的，他（生11）是说的，所以效果就不一样。书上写的是老余突然指着前面什么了起来？哪个动词？

生11：叫！

师：把这个字圈画出来。所以，上课不做摘记不做批注，我们读书都读不好，对不对？好，两位同学一起读。

生11、生12（齐读）：同行老余是在边境地区生活过多年的人。正走着，他突然指着前面叫了起来："看，梨花！"（读得有进步）

师："看，梨花！"大家注意"梨花"两个字。老余为什么不说"快来看，前面有梨花！"？他为什么不这样说呢？（学生思考）比如，你走在沙漠里看到水源的时候，你会怎么说呢？

生11：看，水！（很惊喜）

师：那你为什么不说多几个字呢？

生12：简单的两个字，足以说明当时的心情。

师：激动、惊喜，尽在其中，所以读书一定要琢磨。（面对全体同学）来，我们看他们读得怎样，读得好就让他们坐下。

生12（读）：看，梨花！看，梨花！（连读两次，读出了老余的心情）

生11（读）：看，梨花！（读出了叫声的惊喜、激动）

师：哎，好多了，请坐。①

上述案例为教师在引导学生阅读课文并关注边缘生的过程，在提问过程中注重每个学生的参与，通过高频次的提问，让学生保持思维的活跃。

---

① 刘菊春，张琼. 向名师学"提问"——以肖培东的课堂提问为例. 微信公众号：福建基础教育研究.

6.灵活运用提问切换

灵活运用提问切换指教师根据不同的教学环节、学生的不同需求和学习的不同阶段，灵活地调整和切换提问的方式和形式，随着问题的变化和切换，激发学生从不同角度思考。

通过阅读视角的切换形成多重提问和朗读，已经成为肖老师阅读教学的常态。前述《皇帝的新装》等课的教学，都是多阅读视角的提问切换。但最经典的莫过于他的《孔乙己》一课的教学，这堂课通过阅读视角的多重切换所形成的主要提问如下。

（1）令你印象最深的是孔乙己的什么？

（2）文章中的人（酒客、掌柜、小伙计）对孔乙己印象最深的是什么？

整堂课从始到终的抓手是"记得"。第一个提问阅读视角是学生，学生纷纷讲了对孔乙己的阅读初感，显然这一环节其主要目的是要让学生整体感知课文内容。而第二个提问的"视角"明显发生了变化，变因是阅读视角从"你记得"转向文章中的"人物记得"，这个切换也使整个教学从发散走向聚焦，从感知走向深悟，从学生各抒己见走向集中读析。第二个提问是整个教学的核心，其中还包括三次视角切换，这三次切换隐含三个问题（酒客、掌柜和小伙计分别记得孔乙己的什么）。每次"提问视角"的切换学生都增加了对孔乙己的认识。如果再加上孔乙己记得"茴"字的四种写法，那么这个层面就共有四次切换。孔乙己"记得"与被不同的人"记得"，看客们"看"与其被师生"看"，这样就构成了一个"记"与"被记"，"看"与"被看"的多重阅读和思考的空间。

教学在这立体多重的阅读下不断升华，最终，师生成功地"问"出了鲁迅的这一篇小说，并成功地读好了这一篇小说。①

《孔乙己》一课的教学，通过阅读视角的多重切换形成了多个主要提问，整堂课以"记得"为抓手，从学生自身的阅读初感，到文章中人物的记忆，再到不同角色的视角切换，构成了多重阅读和思考的空间，这种教学方式成功地帮助学生深入理解课文，并提升了学生的阅读能力和思考能力。

---

① 郑建周. 肖培东课堂提问的设计和切换艺术. 微信公众号：语文深深浅浅之间.

研磨提问的有效性在教学中起着至关重要的作用。通过全面理解提问的概念及类型，以及运用课堂有效提问的策略，教师可以利用问题来引导学生的思考和探索，更好地引导学生发展思维，激发他们的学习兴趣和积极性，从而提高学习效率。尽管这需要时间和实践来不断磨炼和提升，但一旦掌握了技巧和策略，教师将能够创造积极且富有成效的学习环境，培养学生的综合能力和学习动力。

主题 2

研磨点拨的时机与方法

在教育领域，教师点拨作为一种重要的教学策略，起着指导和引导学生的作用。教师点拨的时机和方法至关重要，它直接影响着学生的学习成效和对知识理解的深度。因此，教师需要在教学过程中巧妙地把握点拨的时机，选择适合的方法，最大限度地促使学生充分理解和掌握所学知识。

一、点拨的内涵

点拨是指教师在教学过程中，针对学生的错误、困惑或不完整的理解，及时给予指导、纠正和补充的一种教学策略。在一些文章里，我们始终强调点拨教学法既是教学思想，又是教学原则，也是教学方法，它的基本特点就是"随机性"，即所谓"当点则点，当拨则拨。"由此可见，点拨是教师在对学生个体差异进行分析和判断的基础上，有针对性地进行教学引导和支持的重要手段。

1. 纠正错误

课堂点拨的一个重要目标就是帮助学生意识到自己的错误并及时纠正。通过及时的反馈和指导，教师能够帮助学生发现和修正错误的概念、思维方式或解题方法。

2. 补充知识

在学习过程中，学生可能存在知识的不完整性或遗漏的状况。教师可以通过课堂点拨来及时补充相关的知识点，扩展学生的知识面，并帮助他们更好地理解和应用所学知识。

3. 引导思考

课堂点拨不仅是传递知识，更重要的是培养学生的思考能力。教师可以通过提问、引发疑惑和让学生自主探索等方式，引导学生主动思考问题，培养他们的批判性思维和创造性思维能力。

4. 个性化指导

每个学生都有自己的学习特点和需求。课堂点拨应当根据学生的个体差异进行个性化指导，帮助他们充分发挥自身的优势，克服困难，提高学习效果。

5. 建立正向关系

课堂点拨还可以帮助教师与学生建立积极的互动和良好的师生关系。通过细致入微的点拨和关怀，教师能够更好地了解学生的学习状态和需求，增强学生对自己的信任和尊重。

二、抓准点拨的时机

点拨是教师在关键地方、关键时刻针对关键问题对学生进行指点引导，给予学生帮助和启发。而抓准点拨的时机则是教师在点拨过程中的重要技巧，教师需要通过细致观察和分析，准确判断学生的学习状态和需求，确保点拨发生在最合适的时刻，以达到最佳的教学效果。

1. 点在新旧知识衔接处

学生在学习新知识的同时，往往需要与旧知识进行衔接。这个衔接处是学生理解和掌握新知识的关键节点，而在这一关键节点上，教师的点拨起着至关重要的作用。在新旧知识衔接处点拨的目的是帮助学生建立新知识与旧知识之间的关联，帮助他们理解新知识的概念和应用，同时巩固和扩展他们对旧知识的认知。

在讲"电解质的电离"时，教师可以设计实验：在导电装置内放入硝酸钾、氯化氢、氢氧化钠、酒精、蔗糖的水溶液，接通电源后，学生发现硝酸钾、氯化氢、氢氧化钠的水溶液中灯泡明亮，其余溶液不能使灯泡亮起。

教师提问：为什么金属铜能够导电？学生很快答出：因为有自由移动的电子。教师继续提问：硝酸钾、氯化氢、氢氧化钠的水溶液中有没有自由移动的电子？在这些溶液中有什么微粒？硝酸钾、氯化氢、氢氧化钠的水溶液为什么可以导电？

通过对问题进行分解，引导学生思维由回顾旧有知识逐步转移到对新知识的理解！这样提问可以促进学生积极思考，提高思维水平。[1]

案例中教师在讲解"电解质的电离"时，设计实验并提问，引导学生思考和理解电解质水溶液能够导电的原因，以及不同电解质导电性的差异等问题。通过问题分解和逐步引导，激发学生的思维，使学生完成旧知识和新知识的衔接。

2. 点在思维困顿处

在学习和思考的过程中，学生往往会遇到思维"瓶颈"，无法顺利地理解和解决问题。这种思维困顿可能源于知识的复杂性、问题的难度或者学习中的困惑等。点拨在思维困顿处的目的是引导学生突破困境，重新激活思维，促使他们找到解决问题的新路径和新思路。

在教学《半截蜡烛》时，面对伯诺德夫人智换蜡烛的这一章节，其中一个学生说："伯诺德夫人这时候看到了脸色苍白的孩子，此时，她的心里只有孩子，因为她是一名母亲。"另一个学生说："我从'急忙取出''吹灭'两个词语中，感受到伯诺德夫人很害怕一家三口人生命的结束。"学生此时只是从亲情的角度去分析人物的内心世界，并没有从人物的动作和语言上拓宽思维来推及其心理活动。紧接着，另一个学生又继续说："我体会到，作为一名母亲，关键时刻孩子比情报重要。"这就出现了与文本的价值观南辕北辙的局面。

这是一个典型的价值观与文本相悖的阅读场景。此时，教师就应抓住时机点拨："同学们，请你们此时回过头认真读读包含伯诺德夫人的心理活动的文字。"

---

[1] 刘双俊. 化学教学点拨的最佳时机初探 [J]. 中学生数理化（教与学），2013（9）.

学生读中思考，稍后，一个学生回答："我不同意前几位同学的观点，从伯诺德夫人的心理活动，我们能明白她是先想到了秘密，其次想到情报站的破坏，最后才提到一家三口人生命的结束。"另一个学生补充："由此可见，伯诺德夫人没有把一家人的生命放在首位。再说，既然害怕失去生命，她们母子三人就不会从事危险性高的情报工作了。"①

上述案例中，学生们在分析伯诺德夫人心理活动时遇到了思维困顿，无法正确理解人物的价值观和行动逻辑。教师及时抓住时机进行点拨，引导学生回到文本，深入理解伯诺德夫人的心理活动，最终帮助学生突破思维困顿，找到了正确的理解。

3. 点在思维偏差处

课堂上，学生可能会出现各种思维偏差，例如刻板的观念、片面的推理等，这些偏差会影响他们对知识的理解和应用，课堂教学效果也会大打折扣，但这时如果直接指出学生的认知偏差或者是错误，可能会打击学生的积极性，这时候进行适时点拨，推波助澜，可使学生意识到产生了认知偏差并调整思路。

在教学"能被3整除的数的特征"时，已有的"能被2、5整除的数看数的个位"这样的认知基础局限了学生们的视野，他们潜意识里已试图运用已有的"看个位"的旧知识解决新问题，所以一开始就猜想只要个位是3的倍数，就能被3整除。从中可以窥视学生的思维出现了一定的偏差。此时，教师没有发表任何意见，只是请学生拿出事先准备好的数字卡片来摆一摆。

用数字卡片1、3、5组成能被3整除的数。

用数字卡片1、3、4组成能被3整除的数。

学生操作后，出现了第二组无论怎样组合，组成的数都无法被3整除的情况，这时，教师适时抛出问题进行点拨："一个数能被3整除，是否跟个位有关？"学生们否定的声音越来越大，教师继续点拨："那么到底与什么有关？"学

---

① 卢秀娟. 把脉精讲点拨的时机插入 [J]. 小学教学参考，2012（9）.

生们继续探究，发现和数字的排列顺序也是无关的：第一组无论怎么排，都可以被 3 整除，第二组却相反。从而发现，3 个数字相加的和是 3 的倍数，那么组成的数肯定是 3 的倍数，最终发现能被 3 整除的数的特征。

一个"反例"的运用，一次适时的点拨，可使学生们在处理信息时发现错误，心领神会而进行自我调控，使偏差的思维回归正轨。①

在案例的教学过程中，学生们可能会受到已有知识的限制，试图用"看个位"的方法解决新问题，教师在学生出现思维偏差后适时进行点拨，以学生操作数字卡片的方式，引导学生发现无论怎样组合，一个数能否被 3 整除并不取决于个位，也与数字的排列顺序无关，而是由这几个数字的和是否能被 3 整除有关。

4.点在思维发散时

思维发散是指从一个点出发，通过联想、扩展和创意的方式，探寻多个可能性和解决方案的过程。学生在思维发散时有时会陷入固定模式。在这种情况下，教师的点拨可引导学生用发散性思维思考问题，拓宽他们的思维。

师："今宵酒醒何处？杨柳岸、晓风残月"一句是如何传达词人孤寂之情的？

生 1："柳"有谐音，是"留"之意。古人在送别之时折柳，表示挽留。词人酒醒之后，身在杨柳岸边，容易想到送别场景，勾起相思之情。

生 2："风"可以传送相思之意。

生 3："圆月"是指团聚之时，反向推导"残月"应表达孤单之情。

师：除了运用到的这些意象，还有什么信息能够传达词人的孤寂之情？（学生沉默不语）

师："今宵酒醒何处"，词人说自己饮酒了，想一想词人为何要饮酒至醉？

生 4：词人是想借酒消愁。

师：词人的愁消解了吗？

生 4：没有。本来是想借酒消愁，忘却烦恼，但醒来之后却发现自己身在杨

---

① 王碧，卓东健. 把握点拨时机，让课堂更加精彩［J］. 辅导员（教学版）. 2012（3）.

柳岸边，晨风习习，一轮残月斜挂枝头，正是愁上添愁！

以上对答中，师生都运用了发散思维。学生拓宽思维，从"柳""风""月"这三种物象想到了与孤寂相思有关的信息；而教师的适时引导，在学生沉默不解时，从另一处"饮酒至醉"询问开去，抓准了点拨时机，很好地引导了学生。①

在上述案例中，教师通过点拨"除了运用到的这些意象，还有什么信息能够传达词人的孤寂之情"，引导学生从其他角度思考问题，从而更好地理解了词人的孤寂情感。同时，教师还通过点拨"词人为何要饮酒至醉"，让学生进一步理解了词人内心的愁苦。发散思维不仅可以帮助学生解决问题，还可以激发他们的创造力和想象力。

5. 点在学生语言表达片面时

中小学生的表达能力相对较差，对于已经理解领悟的知识，会出现难以用准确完整的语言表达出来，造成答不准确或者答不上来的情况。这时就需要教师适时进行点拨，引起学生的共鸣，促使他们更全面地思考和表达自己的观点。

教学"奇妙的指纹"一课，学生通过小组合作研究指纹以后，汇报时往往会这样说："我们小组的研究结论认为每个人的指纹都是不一样的。"这时大多数教师会说："研究得很好！"指纹确实不一样，但这样的表述是否合适呢？

我们知道，根据几个人的指纹不同，不能推理出所有人的指纹都不相同，否则就犯了逻辑错误。当教师遇到这样的情况时，就需要进行及时的点拨，可以这样追问其他学生："你们有不同意见吗？"这时，其他学生便会开始质疑："双胞胎的指纹也不相同？""我们的指纹与爸爸妈妈的指纹不一样吗？"教师及时把握点拨时机，运用证伪的方法迫使学生认识到观察结果的漏洞，引导学生深入思考而不是匆忙下结论，促进了学生有效自我评价、反思和修正，很好地培养了学生的理性思维。②

---

① 辛立松. 高中语文课堂"点拨时机"探究 [J]. 现代语文（教学研究版），2012（3）.
② 江光华. 灵性点拨 理性生成——浅谈小学科学教学中"点拨"的时机与方法 [J]. 新课程研究（教师教育），2008（9）.

案例中的学生通过小组合作研究指纹后，汇报时可能会说"每个人的指纹都不一样"，教师及时指出逻辑错误，并引导其他学生进行质疑，促使学生深入思考并修正自己的观点。这种点拨方式有助于培养学生的理性思维和自我评价能力。

三、点拨的六种常用方法

抓住点拨的时机和把握点拨的方法，是点拨过程中相互依存且相互补充的关键要素。在教学过程中，教师需要有准确的观察力和敏锐的洞察力，抓住点拨的时机，有针对性地进行点拨。然而，即使教师抓住了点拨的时机，如果缺乏有效的方法和策略，点拨也可能无法达到预期的效果，只有抓住点拨的时机，并且运用恰当的方法，教师才能够真正地发挥点拨的作用，帮助学生克服困难，拓展思维，提高学习的效果。

1. 对比点拨

对比点拨旨在通过比较不同观点、策略或实验活动等来帮助学生更好地理解问题，为学生的思维行进设置"路标"，开辟"捷径"。教师犹如学生思维旅途中的"导游"，把学生思维导向探索新知的旅途。

教学"水珠从哪里来"一课，教师拿出一个装有冰块的玻璃杯（此时玻璃杯的外壁已经有了许多小水珠），提问："同学们，你们知道玻璃杯外壁的水珠是从哪来的吗？"有的学生说："小水珠是从玻璃杯的杯口溢出来的。"也有的学生说："小水珠是从玻璃杯里面渗出来的。"通过大家对玻璃杯的仔细观察，上述两种假设都被一一否定了。此时，班里的很多学生却说："装冰块的玻璃杯肯定是老师课前浸过水的。"这可是教师课前始料未及的，课堂教学顿时陷入了僵局。

如何帮助学生越过这道坎，回归到正确的学习路径上来呢？此时，教师顺着学生的探究思路，接着提问："装冰块的玻璃杯到底是不是老师课前浸过水的呢？请大家再作仔细观察和思考。"说罢，教师拿起桌上的一块干布迅速将玻璃杯外壁擦干，然后又分别拿出一个装有大半杯常温水的玻璃杯和一个空的玻璃杯放在一块儿，让学生仔细观察。过了两三分钟，装有冰块的玻璃杯的外壁又出现了一些小水珠，而装有常温水以及空的玻璃杯的外壁却没有小水珠出现。此时的学生似乎明白了什么，一致认为小水珠的出现与玻璃杯内的冰块有密切关系。

面对着学生的"无理"质疑，教师就地取材，灵活采用对比实验，拓展学生的学习路径和思维空间，迅速找到了问题的症结，并发现了开疑解难的"金钥匙"。[①]

案例教学活动中，教师灵活采用对比实验，帮助学生排除了误解，找到了解决问题的办法。

2.设陷点拨

设陷点拨指通过设置情境或问题，制造挑战和困难，或者教师故意"犯错"，让学生自己寻找错误的细节，在尝试解决问题的过程中引导他们主动思考、探索，加深学生对问题的理解和掌握。

在教学"过滤"这一内容时，为了让学生能够掌握正确科学的过滤方法，教师在演示实验时选用了一杯面粉和水的混合物。操作过程中，教师故意将引流用的玻璃棒靠在滤纸上部的漏斗壁上，倒的时候也故意将面粉和水的混合物漫过滤纸。实验结束，教师装作若无其事的样子，一言不发。一位学生马上举起手站起来疑惑地说："老师，漏斗下面的烧杯里怎么会有面粉呢？难道是滤纸破了吗？""是呀！是呀！真的有面粉哩！"其他学生也大叫起来。"有面粉？不可能吧！难道面粉也能被水溶解？"教师故作不解地问道："这究竟是怎么回事呢？"大家听罢，便叽叽喳喳地议论了起来。经过大家的讨论以及教师的点拨，大家终于掌握了液体过滤的正确方法。[②]

---

① 江光华. 灵性点拨 理性生成——浅谈小学科学教学中"点拨"的时机与方法［J］.新课程研究（教师教育），2008（9）.
② 江光华. 灵性点拨 理性生成——浅谈小学科学教学中"点拨"的时机与方法［J］.新课程研究（教师教育），2008（9）.

案例中教师在教学"过滤"这一内容时，故意在演示实验中犯错，引发学生的议论和探究。经过讨论和点拨，学生们最终掌握了液体过滤的正确方法。

3. 实例点拨

实例点拨是指教师通过提供具体的例子、案例或实际情境，将抽象的概念或原理转化为具体的实践场景，使学生在实际问题中思考和运用所学知识，在"看得见""摸得着"的情景中理解知识。

教学"等分除""包含除"这两类易混淆的除法简单应用题时，教师举例：一个小朋友拿来一篮苹果，平均分给全班的小朋友。如果一人一个地分，分光后每人平均分到几个苹果，就是等分除法；如果一人三个地分可以分给几个小朋友，也就是一篮苹果的个数中包含几个三，就是包含除法。这里用浅显具体的生活事例，使学生迅速理解易混淆、易使人感觉枯燥的知识，收到触类旁通的良好效果。[1]

案例中教师在教授易混淆的应用题时，通过举例来帮助学生理解。通过实例点拨，学生能够看到具体应用的效果，更容易掌握知识的要点和规律。

4. 比喻点拨

比喻点拨是教师选择生动有趣的比喻，使深奥的知识浅显化，使枯燥的知识趣味化，学生在惟妙惟肖的比喻中，迅速找到解决问题的捷径，有助于加深对知识的理解，激发学习的兴趣。

在讲解古老的"鸡兔同笼"问题时，鸡的两只脚和兔子的四只脚在"扰乱"学生思维，如果教师用"玉兔拜月"来比喻兔子提起前面两足，那么问题也就"面目清晰"了。[2]

上面的案例中，教师的比喻点拨起到了启发学生思维的效果。

---

[1] 薛赞祥. 数学教学中点拨的时机与方法［J］. 湖北教育（教学版），2008（1）.
[2] 薛赞祥. 数学教学中点拨的时机与方法［J］. 湖北教育（教学版），2008（1）.

5. 导向点拨

导向点拨是指当学生面对问题毫无思路一筹莫展，对问题的理解感悟失之偏颇或不深不透时，教师为给他们指点方向、提供思路。下面案例中教师的导向点拨为学生指明了理解和感悟的方向。

《我的战友邱少云》一文，对"邱少云在烈火烧身时是怎样做的？你从中体会到什么？怎么体会到的？"这一问题，学生在交流感悟时，只是结合书中的句子，谈得不深、不透。此时，教师可点拨："同学们，平日你被开水烫着、被火烧到是什么感觉？联系生活实际，谈谈对这个问题的理解。"这一"拨"，无疑是为学生指明了一个理解感悟的方向，使他们从切身的感受中体味到邱少云自觉严格遵守纪律的高尚品质。①

案例中学生可能无法深入理解和感悟邱少云在烈火烧身时是如何做的，无法从中体会到什么。此时，教师可以通过联系学生的生活经验，引导他们思考被开水烫或被火烧着的感觉，从而帮助他们理解邱少云遵守纪律的品质。这种导向点拨的方式可以为学生提供更清晰的理解和感悟方向。

6. 体态点拨

体态点拨是指教师借助体态进行点拨的方法。它主要包括面部表情、手和脚的移动、人际距离、讲话的速度和音量等。

动作点拨：例如，讲"蚯蚓运动"时，教师可用右手手掌和手臂表示蚯蚓的身体，左手表示蚯蚓的环肌、纵肌的交替收缩以及刚毛的作用，使之一伸一缩的运动；同时，让学生同自己一起比画。这样就使抽象的语言符号转化为具体、直观、形象的体态语言，不仅加深了对所学知识的理解，而且增添了学习的乐趣。

目光点拨：例如，教师让学生回答问题时，若给予信任的目光，学生便会信

---

① 毕英春，姜海波，赵云霄. 教师点拨的时机与方法 [J]. 山东教育. 2000 (31).

心百倍；学生紧张时，教师若给予鼓励的目光，学生便会勇气倍增；学生回答问题正确时，教师若投之以赞许的目光，学生会因尝到成功的喜悦而幸福万分。

表情点拨：例如，学生在课堂上回答问题时因思维方向出现差错，教师若用迷惑的表情加以暗示点拨，学生会十分敏锐地调整思维角度，另辟蹊径，走出误区，找到正确的思路。[①]

研磨点拨是一项重要的教学工作，是教师引导学生探索知识世界和发展潜能的重要手段。教师抓准点拨时机，采用灵活多变的点拨方法，充分调动学生探究知识的积极性和主动性，高效地启发引导学生建构概念、发展能力和升华情感，必能使课堂奏出张弛有序、动静结合、抑扬顿挫的优美旋律，从而全面培养学生的核心素养。

主题 3

研磨资源的最佳用法

为了提升自身的教学能力和教学质量，教师需要不断研磨教学细节，并更新教学思维。然而，要想实现这一目标，充分利用教学资源是至关重要的。在当今时代，教学资源的数量与多样性呈现出前所未有的蓬勃发展，学生和教师可以通过互联网轻松获取各种教育内容，如何最大限度地利用教学资源成为提高教学质量和学习效果的重要问题。研磨教学资源的最佳用法，可以帮助教师和学生在当今数字化教育时代中取得更好的教学成果。

一、教学资源及种类

教学资源是指供教师和学生使用的各种材料、工具和技术，旨在促进知识传

---

① 侯海燕. 课堂教学点拨的基本方法 [J]. 学苑教育，2009（4）.

授、学习和教学活动的开展。教学资源的种类繁多，根据其形式和特点可以分为以下两大类。

1. 教科书和学习资料

教科书是教师最常用的教学资源之一。它们包含特定学科领域的基础知识、理论和实践案例，帮助学生建立起系统的学习框架。除了教科书，还有各种学习资料，如补充教材、参考书籍、笔记和习题集等。

2. 辅助教学资源

所谓辅助资源，就是指在教学过程中用于辅助教师教学、学生学习的各种工具、材料和技术。利用这些资源的目的是通过提供多样化的教学手段和学习支持，帮助教师更好地传递知识和激发学生的学习兴趣，促进学生的全面发展。包括多媒体教学资源、在线学习平台和教育应用程序等。

有效地利用这些教学资源可以帮助教师创设丰富多样的学习环境，激发学生的学习兴趣和动力，提高教学效果和学习成效。同时，学生也可以根据自身的学习需求和兴趣选择适合的资源，进行自主学习和深化研究。

二、教材的用法

教材是教师传授知识的重要工具，然而仅仅拥有优质的教材并不足以确保教学的成功，教师需要掌握并运用教材的最佳用法。

1. 发掘教材亮点、融入体验，"读厚"教材

发掘教材亮点是指通过细致的观察和分析，找出教材中的重点、亮点和特色，挖掘出与学生相关联、有趣、引人入胜的内容，并将自身体验融入教学过程，更好地引导学生学习和帮助他们理解知识。

发掘亮点：以教学《风雨》为例，在拿到文本后，王君老师并没有利用网络收集相关教学资源，而是静下心来沉入文本内部。她先是素读教材，摒弃一切教学资料的参考，在课本上批注自己的阅读感受，以思维导图表现文章的行文思路，在发掘每个虚词及标点符号含义的同时，思考它与教材文本的联系，将其备

选为自己阅读教学的某个支点。然后通过联读教材，结合作家的创作风格，将老舍与贾平凹在描写风雨时的写法进行对比，凸显出贾平凹"不着一字，尽得风流"的侧面描写手法，以此作为课堂教学的切入点，激发了学生学习的积极性。

融入体验：在王君老师教学《背影》时，她说："真正读懂这篇散文，觉得它真的是经典当中的经典是在四十岁以后。"每次读《背影》的一个片段都会哭，因为这个场景跟当初爸爸送她读大学时很像。告别之后，她就是这样看着他，"等他的背影混入来来往往的人影再也找不着了，我的眼泪不由得下来了"。这是王君老师结合自己的经历理解爱的细节，又把这种理解与感动传递给学生。在解读教材时融入自身体验，与学生展开的不仅仅是关于教材文本的对话，更是有关生命的对话。①

案例中教师在备课时，注重发掘教材的亮点，通过深入阅读和联读教材，不仅找到文章的行文思路和切入点，以激发学生学习的积极性；而且融入自己的体验，通过回忆父亲和自身的经历，更深刻地理解文本中的人物和情感，与学生展开生命的对话，使教材"变厚"，课堂更具感染力和生动性。

2. 品味教材语言、正对"错误"，"用薄"教材

每个教材都有其独特的语言风格和表达方式，教师要通过品味教材语言，发现教材中的常用表达方式、关键词汇和经典句式，抓住其独到之处，而且由于知识的不断更新和演进，教材中可能存在错误或过时的内容，教师要有慧眼和慧心，发现并巧用"缺陷"。

品味语言：王君老师教学《老王》一课时，含英咀华的方法贯穿于课堂始终。在"感受老王的活命状态"这一环节，她提示学生发现句中矛盾，辨析"住处"和"家"的含义，体会老王孤苦伶仃、无依无靠的生活处境。在"感受杨绛的活命状态"这一环节，王君老师抓住了"他蹬，我坐"这句看似不起眼的话，引导学生发现杨绛与老王在社会地位上的差距，品味杨绛浅淡语言背后隐

---

① 王悦，郭伟. 读厚·用薄·盘活——例谈王君语文教材使用观 [J]. 中学语文教学参考，2023（8）.

含的不安。另外，她让学生分析"在老王死后，杨绛没有多问"这句话背后的原因，适时补充时代背景，让学生明白杨绛此刻也处在"活命"的状态，含蓄隐忍的语言背后，饱含着特殊年代人与人之间的诚朴真情。

巧用缺陷：在教学人教版《天净沙·秋思》一课时，面对与课文内容搭配不当的插图，王君老师通过设计将其作为教学的抓手。她首先请同学们自由地朗读全诗，品味诗歌意境，再仔细观察所配插图，希望同学们为插图作者提一些建议。在她的点拨下，同学们很快就发现了插图中健硕的马、葱郁的树，以及轻盈的鸟儿，似乎违背了文中"枯藤老树昏鸦"的意境，并且图中景物堆叠在一起，也破坏了诗歌孤独、悲凉的氛围。对此，同学们提议"可以把马画得瘦骨嶙峋，最好是老马""老树上加几片摇摇欲坠的叶子更能体现沧桑之感""鸟可以画得沉重、笨拙一些，最好让大部分鸟栖息在枯枝上""把小桥流水房屋安排得远一点，让古道的纵深感强一些"。①

案例中，教师在教学过程中，引导学生品味语言，发现句中矛盾，体会老王孤苦伶仃的生活处境；还将插图与课文内容搭配不当的缺陷作为教学抓手，加深学生对诗词意象、意境的理解，把教材"变薄"，变"废"为宝。

3. 准确定位、整合文本，"盘活"教材

教材作为教学的主要资源，往往包含丰富的知识和信息，教师需要在把握教材整体框架的基础上准确定位教学方向，有针对性地进行讲解和指导，还要将教材中的各部分内容进行有机地整合和关联，形成完整的知识网络。

准确定位：以《风雨》一课为例，王君老师将其处理为语用型文本，将教学分为"看篇、看段、看句、看词、看意"5个步骤。在看篇部分，以说话的形式让学生寻找文中的风雨，体会侧面描写的妙处；在看段部分，启发学生将纵向开展与横向联系的写法运用到写作实践中，充实习作内容；在看句部分，采用评选与改句的形式，引导学生发掘每个句子的特色，加深对句子的理解；在看词部

---

① 王悦，郭伟. 读厚·用薄·盘活——例谈王君语文教材使用观 [J]. 中学语文教学参考，2023（8）.

分，通过换词训练，让学生体会作家用词的精妙；在看意部分，将原文稍作修改，使学生成为文章主体，再通过配乐朗读，让学生透过教材中的风雨思考如何面对人生的风雨。整个过程由大化小，由远及近，学生带着思考走出课堂，将教材的学习延伸到生活之中，真正打通了语文的教法与学法。

文本整合：《在孙权的朋友圈学习有效沟通》一课，王君老师以教材中孙权"善劝"的特点为基础，抓住"如何有效沟通"这个切入点，整合《三国志》《资治通鉴》中孙权、吕蒙、鲁肃、曹操交往的几个片段，在课堂收束环节，顺势引入了《非暴力沟通》《关键对话》两本书，既充实了课堂容量，也使得短小精悍的教材原文生发出更加深刻的内涵。①

案例中，教师通过说话、启发、评选、改句、换词等方法，引导学生体会侧面描写、纵向开展与横向联系、用词精妙等写作技巧，并将教材学习与生活结合，将教材盘活。

4. 删减教材内容，"精练"教材

教师要审视教材中各个章节的知识点，如果教材中有同类型的练习或教学内容数量过多，可剔除冗余和不必要的内容，使教学重点更加突出、紧凑高效，学生能够更有针对性地掌握核心知识。

对 3 名教师而言，词语填空等独立的信息类和词义类练习能帮助学生获取细节信息和学习词语，但会影响课程教学的完整性和逻辑性。她们对其进行删减、改编或调整顺序，将零碎、散乱的信息有机串联起来，提升思维的深刻性。

一方面，她们删减教材中的信息填空和判断正误练习，帮助学生系统、全面、深入地思考。例如，L 教师删减了教材中的判断正误和信息填空练习，因为"它们都是一些很碎片化的 information，不能引导学生深入挖掘文本"（L 访谈）。同样，M 教师删减了教材中的细节填空任务：Read the text quickly 和 Complete these sentences with correct numbers。因为"它能帮学生到各个段落中提取细节信

---

① 王悦，郭伟. 读厚·用薄·盘活——例谈王君语文教材使用观 ［J］. 中学语文教学参考，2023（8）.

息，但会让整个故事碎片化，学生思维很跳跃"（M访谈）。Y教师也删减了教材练习：Complete the passage with the words in the box。因为"选词填空只能帮学生处理最基础的文本信息，不能带领学生深入分析语篇"（Y访谈）。另一方面，她们删改或调整教材中的词汇和语言结构练习，帮助学生融合语言和思维技能来强化对文本的整体理解。例如，"为了不破坏语言学习和思维发展的整体性"（M访谈），M教师将"Complete these sentences with the correct form of the words"改为"Guess them eaning of these words"，让学生运用推测和归纳等思维技能，在学习和总结语篇内容的过程中辨析词义；增加梳理文本的表格练习和问答练习，"为学生提供使用关键词语的机会，激发学生对文本的深层思考"（M访谈）；增改语篇复述和暴风雨中自救的迁移创新活动，让学生运用学到的词语从不同角度讲述故事，解决实际问题，激发和表达思维内容。除了词语学习，L教师和Y教师也注重改编教材中的语言结构练习，引导学生在梳理语篇的过程中感知、学习和归纳表达推测或建议的语言结构（如will、if条件句和should），并在语篇复述和迁移创新等活动中综合运用相关语言结构，激发和表达思维内容。由此，3位教师通过删减、改编和增加教材练习，引导学生采用观察、比较、归纳、概括、分析、推理、综合等思维技能参与到语言理解和语言表达的活动中，让他们在语言学习中发展思维，在思维发展中推进语言学习。①

案例中教师通过删减教材内容，引导学生对文本进行深层思考，通过去除冗杂或过时的内容，能够使学习目标更加清晰明确，让学生更集中地学习和理解核心概念和重要知识。

5. 增改教材内容，"扩充"教材

在教学实践中，教师可能会发现教材内容存在不足之处，或者新的知识和观点可能需要被纳入教材中，从而使教学更为全面和准确。通过增改教材内容，教师能够为学生提供更广泛、更深入的学习材料，促进他们对学科知识的全面理解与掌握。

---

① 邹敏，陈则航. 基于思维品质培养的初中英语教材使用研究［J］. 天津师范大学学报（基础教育版），2023（3）.

M 教师也改编、增加了教材活动，引导学生多角度、深层次地分析文本。教材的填空和问答练习有助于提取细节信息，但"内容分散，会让故事的叙述碎片化"（M 访谈）。为让学生清晰、连贯地理解故事，并融入其中，她根据记叙文的特点，增加了 Setting、Development 和 Result 的表格梳理活动，"以视觉形式将文本的主要内容、任务和时间的发展关系生动、清晰地呈现给学生"（M 教案），培养学生梳理文章结构、提取关键信息、提炼知识结构的能力。她还改编问答练习内容和形式，增加情感推断类问题，并以追问的形式引导学生在表格内容的基础上从内容和情感两条线索深入理解语篇（M 访谈）。基于此，她增加了日记复述活动，帮助学生从主人公的视角去阐述这个故事，学会从不同角度看问题，感同身受。并增加团队要素分析活动（Underline the sentences which can show the team factors and summarize them），引导学生深挖文本，分析核心概念，深化主题（M 访谈）。通过改编和增加教材活动，M 教师逐步引导学生从结构、信息、情感和核心概念等层面对语篇进行梳理、归纳、分析和推理，培养逻辑思维和辩证思维。[1]

在上述案例中，教师通过改编和增加教材活动，为学生提供更广泛的知识领域，提供更多的学习资源和多样化的教学方法，满足学生的学习风格和能力水平，促进学生的综合素质发展。

三、辅助教学资源的用法

教材作为主要的教学资源，在教学过程中发挥着重要的作用。然而，仅仅依靠教材本身可能无法满足教学的多样性需求和学生的理解深度，因此教师需要借助辅助教学资源来提升教材的使用效果。教师可以利用多媒体教学资源呈现生动有趣的教学内容，激发学生的学习兴趣；利用虚拟实验和模拟软件提供互动和实践机会，加深学生对抽象概念的理解；利用在线学习平台和社交媒体工具促进学

---

[1] 邹敏，陈则航. 基于思维品质培养的初中英语教材使用研究［J］. 天津师范大学学报（基础教育版），2023（3）.

生的合作和交流，增强教学的视觉、听觉和实践效果。

1. 多媒体教学资源的应用

教师可以对教学视频进行剪辑和编辑，使其语言更加精练和吸引人；音频资源可以进行优化和混音，以提高语音清晰度和吸引力；图像资源可以进行美化和优化，以增强视觉效果和教学表达力。通过研磨多媒体教学资源，教师能够使其更符合学生的视觉、听觉需求，刺激学生的多个感官，进而加深其对知识的理解和记忆。

在教学《观沧海》的案例中，曹操英雄形象的构建，是贯穿课堂始末的。然而刚踏入七年级的学生对曹操的了解普遍还停留在戏曲或小说中的奸臣形象。此时，借助资料，可尽量接近、还原创作背景，为学生走进文本搭建概念性支架。以下是本课所选取的植入性资源。

《说唱脸谱》歌曲片段：蓝脸的窦尔敦盗御马/红脸的关公战长沙/黄脸的典韦白脸的曹操/黑脸的张飞叫喳喳……

曹操简介：一是强调曹操政治家、军事家、诗人等多重身份；二是介绍"挟天子以令诸侯"的魄力及"捉刀人"的英雄气质；三是补充本诗的创作背景。

《三国演义》中关于"英雄"的论断：夫英雄者，胸怀大志，腹有良谋，有包藏宇宙之机，吞吐天地之志者也。

开朗明快的《说唱脸谱》歌曲片段用在课堂导入部分。脸谱作为中国戏曲演员脸上的化妆图案，白色脸谱表现奸诈多疑这一特定形象。导入从"白脸的曹操"切入，区分"舞台上的曹操"和"历史上的曹操"，根据学情以正视听，并力求解说通俗易懂、饶有趣味。曹操的简介则凸显两个方面——过人的作为、独特的气势，借此让学生初步感知曹操的英雄气概，想象曹公登临碣石山的磊落情怀和万丈豪情。《三国演义》"煮酒论英雄"中关于"英雄"的论断，则在赏析环节引用，强化"沧海和诗人，景物的特点和人物的性格，达到高度契合"这一点，将"情景交融"落到实处。[1]

---

[1] 洪琪. 博观约取　善察妙用　精析巧组——例谈古诗教学中辅助教学资源的运用 [J]. 福建教育学院学报，2009（11）.

2. 辅助教学平台的应用

辅助教学平台是利用现代科技手段构建的在线学习和教学工具，旨在提供更灵活、便捷、互动性强的教学环境，为教师和学生提供了许多有益的功能和资源，如在线课程管理、多媒体教学资料、学习评估与跟踪、交流讨论等。辅助教学平台还可以弥补教师课堂时间的限制，为学生提供随时随地学习的机会，促进学习的连续性和自主性。

在初中物理实验教学平台的应用中，微信公众号是教学资源的载体，是教师与学生交流的通道，是向学生推送课前课后任务、资源的工具。因此，要设计搭建一个固定的微信公众号平台并且进行运营是至关重要的。

（1）群发功能

使用此功能的主体为教师，利用此功能可以及时分享最新资料或者发布最新通知，发布推送信息让家长督促学生学习；提前将导学案、预习资料等用于学生课前预习的资料上传；将微视频、例题以及备考资料按照需要对学生或者家长进行推送；还可以及时地将课后作业或者临时通知发送给家长及学生。群发内容不仅仅限于文字短信，还可以用语音、视频等方式。

（2）自动回复功能

利用此功能可以提高处理用户问题以及与学生交流的效率。

（3）自定义菜单功能

在微信公众号中，开发者可以使用3个自定义的一级菜单，而每个一级菜单又包含最多5个子菜单。根据"初中物理辅助教学平台"微信公众号的适用对象及需求，将3个自定义的一级菜单设置为：课程学习、素质拓展和联系教师。这样设置的意图是体现学生的主体性以及教师的引导作用。设置"课程学习"菜单是为了把教学任务有序罗列出来，丰富学习资源，方便学生查找和使用，并将其细分为3个子菜单，分别是：课前预习、课后复习、作业；"素质拓展"菜单为学生提供丰富的课外学习资源，在提高学生科学素养的同时，帮助学生了解科技前沿和掌握生活技巧，该菜单细分为：身边科技和疯狂实验；"联系老师"菜单的设计是为了方便学生在遇到问题时及时联络教师，同时也方便教师统一管理和解答学生的问题，内容可以是班级群聊或者教师的联系方式。①

　　上述案例中的微信公众号作为辅助教学平台，已实现群发及自动回复功能，自定义菜单功能则能更好地体现学生的主体性和教师的引导作用。通过设置不同的自定义菜单，教师可以方便地罗列教学任务、提供学习资源、联系学生等，满足学生的不同需求。

　　研磨教学细节和更新教学思维的最终目的是更好地服务于学生的学习。教育的核心是培养学生的综合素养和能力，而研磨教学细节正是为了实现这一目标而存在的。通过有效的提问、适时的点拨和合理的资源运用，教师能够激发学生的学习兴趣，促进他们的深度思考和自主学习。这样一来，学生在教师的引导和激励下，能够更好地理解和应用所学知识，培养批判性思维、创造性思维和合作精神，最终，他们将成为具有终身学习能力和适应未来挑战的全面发展的个体。

---

　　① 杨洋．"互联网+"初中物理辅助教学平台的开发与应用——以微信公众号为例［D］．岳阳：湖南理工学院，2020.

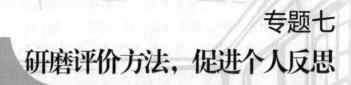

专题七
研磨评价方法，促进个人反思

　　"教学的艺术不在于传授本领，而在于激励、唤醒和鼓舞"，其重要的手段之一就在于教师给予的评价。教师通过研磨评价方法，设计出激发学生思考、有利于引导学生发挥创造力、提高解决问题能力的评价内容和方式，才能真正促进学生的发展，提供更加有益的教育体验，培养出更具综合素养和能力的学生。

主题 1

研磨 "教学评一体化" 的落实

随着 2022 年 3 月义务教育课程方案和课程标准的颁布，我国基础教育课程改革已经全面进入核心素养时代，核心素养、项目学习、"教学评一体化" 成为 "潮流词语"。学生的核心素养培养如何才能切实落地，成为学校和教师共同关注的核心问题。如何运用有效的教学手段与策略真正推进 "教学评一体化" 成为一个重要课题。

一、"教学评一体化" 的再认识

"教学评一体化" 并不是一种特定的、固化的教学模式，而是课堂教学设计和组织的理念与指导思想，它着重强调课堂教学目标、教师教学活动、学生学习活动和教学评价的一致性，要求教师在教学设计时要整体地、一体化地考虑教、学、评等环节和内容。要真正认识 "教学评一体化"，要从以下三个方面进行思考。

1. 认识到 "教、学、评" 目标的一致性

要想实现 "教学评一体化"，其重要基础在于教、学、评要指向一致的目标。与传统的教学方式相比，这个一致的目标来源于学生需要达成的学习目标和预期结果，先有 "输出" 要求，再倒逼 "输入"，去组织教学、学习和评价活动。

如果没有一致的目标，"教学评" 三个环节势必会变成一盘散沙，无法凝聚合力。举个例子，当我们将学生的发展性目标确定为 "引导学生自主探究、独立思考、培养创新意识" 时，评价的内容就不能是要求学生面对一般性问题快速准确地给出标准答案，而是要倾向于思维过程中的发散性和亮点。

因而，确定每门课程、每个活动、每个年级甚至每个单元的基于核心素养导向的发展目标，成为 "教学评一体化" 发展之本。

以整本书阅读教学为例，教学目标设定为了解《红楼梦》塑造人物形象的

特点，学生参与学习活动时也要严格按照探寻人物形象特点的思路完成学习任务，设计学习产品。同样，教师在设计评价环节时也要充分观照教学目标，依据教学目标和学生的学习过程与成果来组织关于《红楼梦》人物形象塑造特点的评价内容，有效评估教学目标的达成度、学生核心素养的发展水平，避免出现教学、学习、评价割裂的现象。

教师在设计教学目标时，要求学生达到"了解"的认知水平；在学生组织完成学习任务的过程中，容易将学习目标提高到"应用"层面；在实行评价环节时，更易将认知要求提升到"分析"水平。目标的层层加码，并不能实现学生核心素养发展水平的提高，因为当抛弃"目标程度一致性"这一基础时，能力发展的有效性就会变得"摇摇欲坠"。[1]

2. 认识到"教、学、评"过程的融合性

有了一致的目标后，"教学评一体化"的实践也不能只停留在强调以目标导向、以终为始的口头阶段，还要真正落实到"以学习为中心促进学生的成长和发展"上。

我国著名教育家陶行知先生在《教学做合一》一文中曾指出，教学做是一件事，不是三件事。在此基础上，"教学评一体化"意味着教学、学习、评价是一件事，而不是三件事，它们之间既不是前后关系、并列关系，更不是谁为谁服务的关系，而是真正融于一体的关系。"教，是为了不教"，教学是为了促进学生更主动地学、更好地学。评价也是为了改进学生的学习方法，同时为了改进教师的教学方式，进而为学生学习提供更好的助力。

3. 致力于发展学生的学习自主性

"以学论教，少教多学"是21世纪前10年中教师最具原创性的本土课堂教学改革实践行动。它的实质是把学习的主动权还给学生，让学生真正成为学习的主人。这一实践行动给课堂教学带来了革命性、实质性的进步，是教、学合一的有效实践。将评价融入这一过程中，将使得学生主动学习的热情和原始的学习动力获得更大的提升，是真正关注学生独立学习的能力的体现，正如福建师范大学教授余文森所说，"教学过程是一种以学生独立学习能力为基础并逐步发展学生独立学习能力的过程，只有依靠学生的独立学习能力才能不断发展学生的独立学习能力"。

---

[1] 杨磊. 北京师范大学. 评价变革："教—学—评一体化"的再释. https：//www. sohu. com/a/656843890_ 121124301.

二、"教学评一体化"的实践关键点

在核心素养话语体系下,"教学评一体化"的实施是在课程层面的组织模式,在全要素中执行统一的核心素养目标,是落实核心素养的关键环节。下沉到具体的教学组织中,对实践路径的关键点的策略化呈现,是促进教师实施的重点。

1. 设置明确的、一以贯之的教学目标

教学目标的设置,在"教学评一体化"中具有前导性作用。一个教学目标,只有准确体现学科价值、可操作、可测量,才能真正起到统领教、学、评的作用。

具体而言,首先要将核心素养目标转化拆解为可以操作的行为表现。要设置一个完整的教学目标,必须囊括行为主体、行为动词、行为条件和行为标准,也就是"谁来学、怎么学、在什么条件下学、学到什么程度"这4个核心要素,才能构成一个可以有效实施的教学目标。

其次,要考虑教、学、评三方主体对教学目标的理解能力。教师要采用自上而下与自下而上相结合的方式来设计教学目标,让学生看得懂、理解透彻。

教学目标1:语篇阅读前,让学生通过看、说语言技能学习活动,了解健康生活习惯包括健康饮食和健康运动,并通过各种学习活动唤醒学生关于食品和运动方面的词汇。

教学目标2:语篇阅读中,学生通过阅读文本,采用听、说、读、写语言技能,获取、梳理 Kitty 和 Daniel 的生活方式,最终运用语篇编写对话。

教学目标3:语篇阅读后,学生通过对语篇知识的内化、运用,采用说、写方式提出能帮助"肥肥"保持身体健康的合理化建议。①

总之,教师在课堂教学中,要将教师的"教"、学生的"学"、师生的"评"相互融合,贯穿始终,如此才能形成完整的课堂教学,让师生互为主体、互为客体,确保课堂教学的有效组织与实施。

---

① 教学评一体化,相互融合,贯穿教学始终,才是完整的课堂教学. https://baijiahao. baidu. com/s? id=1718659631747998343.

2. 创建一个可以被观测的学习场域

"教学评一体化"的本质是一种教学组织模式，教师为课堂学习提供支持和引导，学生走进学习的现场，借助并置身于现场完成主动的自我学习和相互协作的深度学习。

这个学习场域的构建，首先必须基于核心素养目标创设真实的学习情境，解决真实问题的过程也是发展学生核心素养的过程。教师在解决真实问题的过程中，也能够更好地观测学生的学习情况，对其学习行为和学习能力进行直观了解。

其次，教师要细化学习任务，为每一项学习任务设置可观测的学习产品，合理运用过程性评价，并及时反馈给教师的"教"和学生的"学"。

例如，在学习难溶电解质沉淀的溶解平衡知识过程中，引导学生尝试利用溶度积的数据，分析为什么可以通过加碳酸铜等试剂调节溶液的 pH 以除去铜盐溶液中的三价铁盐杂质，教师通过观察学生的学习表现，做反馈和针对性的指导，完成学习过程。学生尝试解决问题的过程，既是学习的过程，也是教师通过学生学习表现，做教学目标达成度的评价过程。

又如，初中化学学习气体发生器气密性的检查，在学习试管、烧瓶组装的气体发生器的气密性检查技能的过程中，要让学生思考、讨论，所用的检查方法是依据什么原理、怎么想出来的；认识所设计的检查方法，其关键在于找到如何通过外加影响使气体发生器中的气体状态改变，产生可据以判断气密性的现象。而后，让学生思考、解决如何检查用锥形瓶、长颈漏斗组装的气体发生器的气密性的问题，找到对容器中的气体施加影响，产生可做出气密性判断的现象。通过学习讨论，教师可以对常见气体发生装置气密性学习目标的达成度做评价，通过反馈补充讲解，提升学习效果。①

案例中教师为学生提供自主的学习场域，让学生在解决真实问题的过程中实现自我学习和相互深度学习。教师通过观察学生的学习表现，及时反馈和指导，完成学习过程。同时，合理运用过程性评价，及时了解学生的学习情况，提高学习效果。

---

① 王云生. "教、学、评"一体化的内涵与实施的探索 [J]. 化学教学，2019（5）.

3. 建立高效的评价结果反馈机制

"教学评一体化"的过程，将原本割裂的"教学—评"的结构转化成为以评价贯通融合的一元结构，这个过程就需要开发新的标准，应用新的机制。

首先，要有基于课堂教学环境而提出的"内循环评价"，是为了对学生参与学习任务过程中的表现进行精准评价，可以设置与课堂匹配的观测量表。教师通过观测收集和分析的数据，从而了解学生的认知发展状态，进而及时调整教学行为。这个观测更多关注的是"学生是怎么学的，教师是如何促进学生学习的"。

其次，要有基于终结性评价而提出的"外循环评价"，主要包括考试类评价和对过程性评价结果的评估。这与普通的以考试成绩论英雄不同，它更多强调学生在不同的测试情境中提出问题、分析问题和解决问题的能力，更注重学生在问题探究过程中的能力和创造性。

最后，要建立及时有效的评价反馈机制，兼顾评估的全面性、准确性和效率，真正实现对教与学的即时反拨。

主题2

研磨评价效果最大化

学业评价必须坚持以学科课程标准为依据，以落实课程目标，鼓励、激励学生学习为宗旨；遵循全面、客观地检验学生学习的原则。要真正发挥评价的作用，必须掌握评价的正确方法，最大限度地发挥评价的作用，让其成为学生前进的"加油站"、发展的"推进器"、个性的"生长点"。

一、树立基于核心素养培养的评价意识

在以往的评价中，存在盲点和误区，如没有从课程标准、课堂教学的目标出发，只是简单随便地对学生进行评价，比较随意；只注重对知识目标是否达成的评价，而忽视情感和能力方面的目标是否达成；评价时重过程、轻结果……这些

误区的出现，在一定程度上抑制了学生创新思维和探究能力的发展。站在学生核心素养培养的角度，要能够树立全新的评价意识。

1. 评价要关注学生的发展性

教师要用发展的眼光看待学生，承认学生是在不断进步的。不论是对哪个层次的学生进行评价，都要遵循及时性、客观性、激励性的原则，发挥评价的诊断和激励功能，促进学生不断进步。

男生G：为什么作者在小说的结尾说"大约孔乙己的确是死了"？既是"大约"又是"的确"，这好像是矛盾的。该怎么理解呢？

教师：好，好，你这个问题有"科研价值"！（众大笑）同学们别笑，这个问题的确值得研究。因为这个问题弄懂了，这篇课文的思想内容、人物形象等方面的问题也就好理解了。接下来，我们这堂课，就来研究研究这个问题。在研究之前，我也向你们提出一个问题——孔乙己最后究竟死没死？

众学生：死了。

教师：根据何在？

众学生：作者在结尾说孔乙己"的确死了"。

教师：嗯，孔乙己"的确死了"。同学们能不能再深入思考一下，孔乙己为什么会"的确"死去？

（学生思考）

教师：李老师给你们提示一个思路：一个人的命运取决于什么？

女生D：取决于他的遭遇。

教师：对，很好。取决于他的遭遇。

男生H：还取决于他的社会背景。

教师：很好，他的遭遇和他所处的社会背景，就决定了他的命运。那么，我们来看看课文，孔乙己究竟有什么样的遭遇？他又处于什么样的社会背景之中？①

---

① 名师课堂教学中言语评价探析. 文秘帮. https://www.wenmi.com/article/pypava02kun4.html.

在上述案例中，我们可以看到，教师的评价体现了发展性的教学理念，能看到学生的进步；其包含着丰富的教育智慧，在给予学生启发的同时，使之获得学习的动力，进而提高其学习的积极性，发展其思维能力，激发其创造潜力。

2. 评价要有层次性

对待不同层次和处在不同发展阶段的学生，教师要采取不同的评价标准，找到适合他们的"最近发展区"，真正进行有效评价。例如，对优秀生采取竞争性评价，坚持高标准、严要求，促使他们更加严谨、谦虚，不断超越自己；对中等生采取激励性评价，指出他们的不足，引导他们努力的方向；对后进生采取表扬性评价，寻找其闪光点，肯定他们的微小进步，提升他们学习的积极性。

3. 要以学生为中心，加强全过程形成性评价

教师对学生进行评价不能只注重考试成绩和学习的结果，也要对学习过程进行科学的评定。有的学生可能平时学习并不是特别努力，但是考试前"临阵磨枪"，或许也能有个不错的成绩；有的学生脑子很聪明，平时的学习习惯并不好，但是考试时也可能成绩很好。因而，如果不关注学生平时的学习过程，只看重成绩来评价，显然是不科学的。教师要将动态评价、纵向评价和综合评价这三种方式有效结合起来，以学生为中心，进行全过程形成性评价。

二、进行有效评价的关键环节

好的评价，就像久旱后的甘霖"润物细无声"，能够激励学生努力学习，不断奋进。在和谐高效的课堂教学过程中，教师良好的课堂评价无疑是点睛之笔。要想使评价真正落到实处，评价效果最大化，要注意下面四个关键环节。

1. 伺机而动，把握好评价时机

课堂评价不一定要多，教师也不一定要对学生的每一次表现都进行评价，一定要精准，要抓住适当的时机，能够对学生有启发、有价值，而不要泛泛而评、不痛不痒。例如，当课堂提问中有学生出现典型错误，但是其他学生及时进行了补充、点评时，教师就可以给予鼓励性的评价。

专题七 研磨评价方法，促进个人反思

一位教师教学"谈礼貌"，引导学生剖析课文的写作特点。

生1：作者都是先写事例，再引发一段议论。

师：你很会读书，一眼就看到了说理文的一般写法。这对我们以后学习说理文可有帮助了。（有效点拨和提炼）

生2：作者选取的事例很典型：三个例子是从古到今，从平凡人到伟人。

师：你还记得去年学习的"滴水穿石的启示"，知道三个事例的主人公有代表性，你还能继续从故事内容中去发现写作特点吗？（激发探究的欲望，培养学生大胆探索的精神）

……

师：同学们真了不起，一下子明白了这篇说理文的写作特点，知道了写事例时可以先叙述后议论，但议论必须是有针对性的议论，也明白了有事求别人，礼到人心暖，无礼讨人嫌；自己做错时，礼貌待人可以减少矛盾；别人犯错时，讲礼貌既可以宽容别人，更能体现一个人的修养。（必要的梳理和适时的小结）[①]

上述案例中，教师"趁热打铁"的评价和引导，让学生在与同伴的交流中不断优化自己的思考方法，主动拓展和完善自己的认知结构。

2. 有的放矢，针对学生具体的学习行为进行评价

在以往的课堂上，经常能见到"掌声表扬一下""很好""不错""真棒""真聪明"这样的教师评价，这样口头禅式的表扬，大而化之，可以用到每一个学生身上，对学生产生的触动并不大。另外，这样的评价看似肯定，其实非常笼统模糊。到底"很好"在哪里？"不错"在哪里？这些评价不能为学生指明方向，引导学生深度思考，最终只会流于形式。

因而，在进行评价时，要针对学生的具体学习行为，使用描述性语言进行评价，语言要尽可能丰富多彩。这样的评价，对学生在学习中付出的努力和收获进行有针对性的描述，可以让学生感受到教师对他的关注和鼓励，有利于激发学习的内生动力。

---

① 王优娟. 语文课堂如何有效把握评价时机. 全国优秀作文选（写作与阅读教学研究）. 2015（5）.

在语文课上，教师请了一位能说会道、充满自信的学生，说："下面我们请××同学为大家做示范读文。"读后，教师请大家评评，学生们纷纷发言。有的说她的声音洪亮；有的说她注意重音；有的说她有感情。一片赞扬声中，教师请大家学着她的样子练习一遍，检查一下效果。这时，一个平时不太发言的学生竟然在迟疑之下举起了手，教师微笑着鼓励她站起来朗读。当她读出指定的段落后，教师评价道："你的普通话标准，感情表达得也恰当。刚刚拿到课文就能读得这样有水平，真不容易，我就做不到。那么有没有读错的地方呢？"学生指正后，再请另一位同学读。师评："读得很有精神。这两位同学的朗读有一个共同的特点，不仅声音响亮，而且很有感情。"①

上述案例中的评价不但有具体的评价对象、评价内容，而且对学生学习活动的特征进行了归纳，因此可以很好地发挥引导学生进行有效学习的作用。

3. 评价要引导学生深度学习

教学的目的，不仅在于传授知识，更注重学生思维能力的培养，注重发展学生的智慧，引导学生进行深度学习。因此，有效的教学评价，必须重视调动学生思维，引导学生去理解和运用知识，充分挖掘学生的智力潜能，有利于学生将知识转化为能力。

4. 真情实感，评价要善用激励性语言

学生的心灵是敏感而脆弱的，如果教师不是发自内心真诚的评价，那么学生往往会从一个不经意的眼神、动作，甚至说话的语气、语调中感觉出教师在敷衍，这种评价有时反而会起到反作用。因而，教师要发自内心地去鼓励、肯定学生，在面对他们的不足和错误时，也要能够中肯地去启发、帮助他们。

一位教师教学《少年闰土》，有这样一个环节。

生：老师，我有很多贝壳，能拿出来给大家看看吗？

① 浦江县治平中心小学. 朱燕萍. "课堂上如何对学生进行有效评价". 金锄头文库，https：//wenku. so. com/d/eb882af7c39dd5648f553f6584905465.

师：可以，请拿上来。

（学生把一大堆贝壳端上来，通过实物投影展示给大家看）

师：你能说出这些贝壳的名字吗？

生：不会。（不由自主地低下了头）

师：既然叫不出这些贝壳的名字，那请你把他们全部拿下去吧！

（学生手捧贝壳，耷拉着脑袋，一声不吭地回到了座位上）①

上述案例中，教师面对展示贝壳的学生，不是肯定他有责任心、有毅力，不是肯定他有上进心、热爱学习，更不是肯定他乐观、个性张扬，是其他学生的榜样，而是简单地让其回到座位上，使学生的自信心受到打击。得到这样的评价，这个学生以后还会同样积极地去完成老师的作业吗？还会自豪地向大家展示自己的成果吗？这正提示教师善用激励性评价语言有多么重要。

主题 3

研磨评价方式的多样化

无论任何学校、任何年龄、任何班级的学生，即使是有双胞胎或者多胞胎的情况，每个学生也都是独一无二的个体。针对不同学生的不同特点，教师要充分进行多元化评价，通过各种多样化的评价方式，励其所行，长其所能，更好地让每个学生都出彩。

一、评价方式多元化

评价方式的多元化，可以从评价的功能、评价的性质分类、评价的表现形式等三个角度出发。

---

① 研修网，http：//i. yanxiu. com/blog/9803281/632031093585219！cateId＝0.

175

1. 从评价的功能角度出发

基于这一角度，常见的评价方式有以下三种：

导向性评价——帮助学生深化认识，提升体验。评价是引导学生发展的重要手段。其基本功能之一就是导向。好的评价能起到画龙点睛、总结学法和深化认识的作用。

诊断性评价——引导学生确立正确的价值观。评价的基本功能之一就是判断，判断学生的回答是否正确，如果学生的回答偏离了正常的价值取向，教师要发挥诊断性功能，引导学生走出认知误区。

激励性评价——引领学生体验成功的喜悦。好的评价，要富有感染力，营造和谐、宽松、民主的教学氛围，让学生不断获得成功的体验，真正起到激励作用。

2. 从评价的性质分类角度出发

基于这一角度，评价可以分为定性评价和定量评价、过程性评价和结果性评价、发展性评价和增值性评价、形成性评价和终结性评价等，从评价的时机和阶段出发，可以分为定位性评价、形成性评价、诊断性评价等。

3. 从评价的表现形式角度出发

基于这一角度，评价可以分为纸笔测试、表现性评价等。

在多种多样的评价方式中，教师要充分了解每一种评价方式的要义，综合利用，让评价结果更精准有效，才能更好地发挥评价的育人功效。

同时，教学过程是师生的互动活动，评价的过程也要让师生共同参与。教师要营造出宽松和谐的学习氛围，引导学生进行自我评价、相互评价，再与教师评价进行结合，在师生之间、生生之间展开思想的碰撞，更容易相互接纳。

二、四种评价方式及应用

随着现代教育技术的发展，一些新的评价方式也开始广泛应用，下面选择几种进行简要的介绍。这些评价方法既可以单独使用，也可以相互结合使用，发挥的效用也各不相同。

专题七 研磨评价方法，促进个人反思

1.课堂观察评价法

课堂观察在各种评价方法中是最为基本的方式。教师通过在实际的课堂教学中认真观察，可以实时了解学生的学习情况，结合学生的课堂表现行为、小组活动记录等判断学生的学习效果，进而形成课堂评价。

一位教师在执教《小英雄雨来》时，是这样为学生引导、释疑的。

生：老师，为什么鬼子不直接把雨来枪毙，而非要把他拉到河沿上呢?

师：看来你是一个善于思考的孩子，问得问题很有意思。孩子们，现在老师想听一下其他同学的看法。

……

生：我想这些鬼子的目的是想引出李大叔他们。

师：真聪明，看来我们这些聪明的"小八路"是不会被敌人的阴谋诡计所迷惑的。那么你们的依据是什么呢?

……

生：这也是作者巧妙安排的，文章开头作者就点出"雨来的游泳技术高"这为后文雨来逃走埋下伏笔。[①]

上述案例中，面对学生提出的"日本鬼子为什么不在屋子里就把雨来枪毙了，而非要把他拉到河沿上去?"这一问题，教师冷静面对，在给予即时肯定、表扬的同时，顺势引导，使之根据文本由此及彼进行推理，进而对作者的写作思路、写作目的做了一个透彻的分析。

2.面谈评价法

面谈评价是针对学生参与学习过程所进行的对话、讨论或者活动。教师可以召集一个、几个或者一个小组的学生，带着学生参加一些主题活动，比如主题阅读、主题写作、中英文会话，等等。在活动过程中，教师可以直观地"看"到

---

① 连忠友. 把握评价时机，构建有效课堂——探析语文教学中即时评价时机的把握策略［J］. 青年教师，2019（10）.

学生的观点、看法，进而对学生进行评价。这样的评价方式，有利于学生把自己的想法借助语言表达出来，这是教师与学生进行双向交流的一种有效沟通方式，在已经建立相互信任关系的师生之间是相对容易开展的。

3. 调查问卷评价法

采用调查问卷的方法进行评价，既可以选择在课堂教学之前进行，也可以在课堂教学结束之后进行。在课堂教学之前，教师可以通过设计问卷的方式，对学生已有的知识储备情况、技能水平以及即将开展的学习活动的了解程度等进行充分的掌握。在课堂教学结束之后，教师设计问卷，更多偏向通过问卷了解学生对整体课堂学习情况的满意程度。不论是课前还是课后，要采用调查问卷的方法，都需要进行大量准备工作，认真思考所设计的问题是否精准有效，是否能真实反映问题，只有经过缜密的问卷设计，通过问卷进行的评价，有效度才会提高。

4. 学习档案袋评价法

学习档案袋，或者称为成长记录袋，是学生在学习过程中所付出的努力、取得的进步以及最终的成果等记录的合集。这种方法可以通过长期的跟踪记录，让教师更好地了解学生学习的整体情况和每个学生的进步情况，有利于教师对学生的能力水平等多方面进行评价。同时，学生会全程参与到学习档案袋的整理和制作过程中，可以帮助他们更好地反思自己，判断自己的进步和努力方向（见表 7-1）。

表 7-1 "描绘身边的景色"单元学习评价表①

姓 名：	班 级：	学 号：		
	观察树的结构和形态			
自我评价	1. 我画的是一棵_____（季节）的树。			
	2. 我是否画出了树的造型特点？		□是	□否
	3. 我是否发现了树枝之间的前后穿插关系？		□是	□否
	4. 我是否发现了树叶与树枝之间的前后遮挡关系？		□是	□否

---

① 李伟崧. 《描绘身边的风景》单元学习档案袋评价案例. 微信公众号：上海教研.

专题七 研磨评价方法，促进个人反思

姓 名：	班 级：	学 号：

同伴 评价	他（她）积极参加讨论了吗？	□很积极	□不积极

我们来画树

自我 评价	1. 我是否画出了树枝与树叶之间的前后穿插、遮挡关系？ □是 □否 2. 我是否画出了树枝与树叶之间的疏密关系？ □是 □否 3. 我对自己作品的认可度如何？ □满意 □很满意 4. 画树的过程中，我成功/有困难的地方： _____。

同伴 评价	喜爱他（她）作品的理由（可多选）： □造型美观 □有前后穿插、遮挡关系 □线条有疏有密

拍摄身边的风景

自我 评价	1. 我到哪些地方拍摄照片、收集素材？ _____。 2. 我是否感受到了身边景物的美感？ □是 □否 3. 我采用的选景方法（可多选）： 　□主体突出 □远近层次 □高低起伏 □适当留白 4. 我喜欢用摄影的方式收集素材吗？ □很喜欢 □不喜欢 　喜欢/不喜欢的理由：_____。

描绘身边的风景

自我 评价	1. 我选择_____作为主要景物进行描绘。 □树 □建筑 2. 我是否表现出了近景与远景的前后关系？ □是 □否 3. 我是否表现出了主次景间的疏密关系？ □是 □否 4. 我选择的表现手段（可多选）： □大小差异 □线条疏密 □线条粗细 5. 我对自己作品的认可度如何？ □很满意 □不满意 6. 在创作中我遇到的难点是什么？我是如何解决的？ _____。

姓名：	班级：		学号：		
同伴评价	喜爱他（她）作品的理由（可多选）： □景物组合有主次　　□有近景和远景的层次感　　□线条有疏密变化的美感				
	欣赏和评述				
自我评价	1. 我是否乐意展示自己的美术作品？　　　　□很愿意　　　　□不愿意 2. 我是否能根据作业要求评述自己创作的作品？　　□是　　　□否				
同伴评价	你对他（她）的评价意见满意吗？　　　　□很满意　　　　□不满意				
教师评价	美术作业	等级	评价标准		成绩
		优秀	1. 能表现出树干、树枝的形态和穿插关系。 2. 能表现出树枝与树叶的疏密关系和前后的遮挡关系。 3. 画面能表现疏密关系，能表现出近景与远景。 4. 画面有层次感。		
		良好	1. 能表现出树干、树枝的形态和穿插、遮挡关系。 2. 能表现出近景与远景的前后遮挡关系。 3. 画面有层次感。		
		合格	1. 能画出树和背景。 2. 画面层次感不明显。		
		需努力	没有按要求完成作业。		
	评语：				

　　这是上海教育出版社四年级美术第一学期第二单元"描绘身边的景色"单元化学习档案袋表格，贯穿了观察树的结构和形态（课外）、交流观察记录的结果（课内）、我们来画树（课内）、拍摄身边的风景（课外）、描绘身边的风景（课内）5个活动，将单元评价的内容分解到不同的学习环节中进行，通过课堂观察、表现性任务分析和美术作业分析等路径，采用学生自评、互评和教师评价的方式，以单元学习评价表反馈评价结果。

后　记

　　在编写本书的过程中，编者借鉴和参考了国内外一些知名专家的著作和研究成果，引用了一些教师的案例和文章，在此向所有专家、教师致以衷心的感谢！受沟通渠道所限，我们未能与所有作者都取得联系。敬请相关作者与我们联系，电子邮箱：taolishuxi@126.com。

编　者